Willibald ROKYTA

Der Papst auf Petris Stuhl?

Das Dogma von der Feuerhölle, der unsterblichen Seele und dem Dreieinigen Gott: Eine solche Auffassung oder Vorstellung war den apostolischen Vätern völlig fremd.

Alle Rechte liegen beim Autor
Herstellung: Books on Demand GmbH
ISBN 3-8311-1667-9

1

Inhaltsverzeichnis

3

Prolog

Um dem römischen Vielvölkerstaat im 1. Jh. v. u. Z. wegen seiner vielfältigen kulturellen und sozialen Struktur einen Zusammenhalt zu geben, wurde der Cäsarismus favorisiert, bei dem der weltliche Herrscher auch geistliches Oberhaupt (Cäsaropapismus) ist. Die römischen Kaiser trugen seit Gaius Octavius (Augustus) deshalb auch den Titel eines Pontifex Maximus, dem, wegen seiner göttlichen Natur in den römischen Provinzen, Ehre zu erweisen war.

Zu Beginn des 4. Jh. war dann die römische Religion durch die christliche Lehre so stark zurückgedrängt, dass diese für den weiteren politischen Zusammenhalt bedeutungslos geworden war. Da sich die Führer der Christenheit in vielen theologischen Fragen jedoch uneinig waren, beordnete Konstantin d. Gr. diese zu einem Konzil nach Nicäa. Konstantin tat das nicht aus Liebe zur Neuen Lehre, er war kein Christ, sondern Verehrer römischer Götter, doch eine zerstrittene Kirche konnte ihm politisch nicht von Nutzen sein.

Nach Monate langen Verhandlungen in Nicäa wurde unter Vorsitz Konstantins die Römisch Katholische Kirche geboren. Katholisch (das Ganze, alle betreffend) deswegen, weil hier heid-

6

nisches Brauchtum, Tradition und philosophisches Gedankengut aufgenommen wurde; und römisch - weil Rom zum Hauptsitz des orthodoxen Katholizismus wurde.

In dem vorliegenden Buch wird die Entstehungsgeschichte des Papsttums bis zu Beginn des Mittelalters und dessen Funktion kurz veranschaulicht. Mehr Raum wird der Lüge von der Nachfolge Petri, dem Dogma der Dreieinigkeit, der Unsterblichkeit der Seele und der Höllenlehre eingeräumt. Die Lehre von der Auferstehung verstorbener Seelen und weshalb der Name Gottes heute nicht mehr ausgesprochen wird, schließt den Themenkreis der hier vorliegenden Ausgabe.

Der Verfasser

Viel Blut

wurde durch Menschenhand

vergossen.

Der Strom ist angeschwollen,

der Boden dunkel gefärbt.

Und die Meere sind randvoll.

Und weiterhin fließt viel Blut

im stillen Winkel, an jedem Ort

und auf dem Schlachtfeld Erde.

Der Mensch,

einst im Bilde Gottes erschaffen,

veränderte die Welt.

Trunken von Macht und Arroganz

kennt er nicht das Gebot ...

Ein Paradies sollte er schaffen.

Doch die Sonne ist ihm verdunkelt,

und der Mond gibt dieser Erde sein

Licht nicht mehr.

9

„Wer nicht liebt, bleibt im Tode."

(1. Joh. 3:14)

Die Kirche von Nicäa

„Ein neues Gebot gebe ich euch,

dass ihr einander liebet;

wie ich geliebt habe,

sollt auch ihr einander lieben".

(Joh 13:34)

Was wurde aus dem Gebot, was aus den Grundsätzen der Liebe zum Nächsten? Welchen Stellenwert haben sie heute noch in den christlichen Kirchen?

Die Geschichte kennt keine Religion, deren Weg mit so viel Hass und Blut geschrieben wurde, wie die der Christenheit. Die größten Kriege gab es innerhalb dieser Kirche, und das mit einer derart hohen Anzahl an Menschenopfern, welche ausreichen würden, um damit halb Europa zu besiedeln. Bei diesen blutigen Auseinandersetzungen ging es nicht immer darum, sich vor Aggressoren, fremden religiösen Kulturen (etwa dem Islam) zu schützen. Es ging nicht immer darum, christliche Werte zu verteidigen und zu bewahren. Nationale und selbstsüchtige Interessen waren zumeist das Motiv. Die Kirche trug hier die Fahnen der Nationen an vorderster Front, und sie segnete die Waffen, die gegen den christlichen Bruder-Feind gerichtet wurden. Die Folgen waren Feindschaft und Zwietracht innerhalb der christlichen Völkergemeinschaft.

Was wurde aus der Kirche, eines nach Frieden und Selbstlosigkeit weisenden Jesus Christus? Was sind die Ursachen, die zu dieser fanatischen und intoleranten Religion führten? Über diese und andere Fragen wird versucht, hier zu antworten.

Der Ursprung der katholischen Kirche

Geburtshelfer der katholischen Kirche wurde Kaiser Konstantin d. Große. 325 u. Z. beorderte er die Bischöfe und deren Gehilfen aus den römischen Ländern nach Nicäa zum Konzil. (Nicäa lag im Byzantinischen Reich, nordwestlich der heutigen Türkei.) Die unbefleckte Kirche Christi verlor hier ihre Unschuld und wurde gewissermaßen neu geboren – wurde eine Kirche mit einem anderen Namen. Bezeichnenderweise heißt sie jetzt: „Römisch katholische Kirche". Sie unterschied sich vom Urchristentum jetzt nicht nur dem Nominal nach – sie stieg zur „Staatsreligion" auf und war daher in politische und kriegerische Auseinandersetzungen verwickelt - und zum anderen opferten ihre religiösen Führer willfährig christliche Grundsätze. Was dabei herauskam, war der orthodoxe Katholizismus.

Katholisch (gemäß Duden Bd.7): „Im 16. Jh. aus kirchenlat. catholikus gr. Katholikós 'das Ganze', alle betreffend; (gr. Hólos 'ganz') entlehnt. Die katholische Kirche ist demnach ursprünglich die 'allgemeine Kirche' gegenüber den Sonderkirchen".[1] — Sie ist somit die Mutter jener falschen Lehren, die heute noch in der Glaubensgemeinschaft christlicher Kirchen fortbestehen.

Die Christenheit, ohne Führung und Anleitung durch die Apostel, war im 4. Jh., wie schon erwähnt, völlig zerstritten. Beim Konzil in Nicäa wurden die zumeist umstrittenen Lehrpunkte ausgeräumt, wobei die Bereitschaft zur Zusammenarbeit nicht durch den Geist Christi getragen wurde, sondern vielmehr durch den Druck Konstantins zu Stande kam.

Der Weg von Nicäa führte nicht zum
Urchristentum zurück

Die hier versammelten Kirchenlenker wurden die Vollstrecker des von Paulus vorhergesagten 'großen Abfalls'. Zwar gab es auch zurzeit der Apostel falsche Lehrer, die unter anderem behaupteten, 'Gottes Königreich sei schon aufgerichtet', doch diesem destruktiven Einfluss konnte noch entgegengetreten werden. Paulus schrieb in dieser Angelegenheit an die christliche Gemeinde: „Lasst euch in keiner Weise von irgend jemand verführen, denn er (Christus) wird nicht kommen, es sei denn, der 'Abfall' komme zuerst, und der Mensch der Gesetzlosigkeit werde gehoffenbart. (...) Allerdings ist das Geheimnis dieser Gesetzlosigkeit bereits am Werk, doch nur bis der, der gerade jetzt hemmend wirkt, aus dem Weg geräumt wird." (2. Thess. 2:3,7)

Auf diesen „Gesetzlosen" kommt auch der greise Apostel Johannes vierzig Jahre später zu sprechen: „Kindlein, es ist die letzte Stunde, und so, wie ihr gehört habt, dass der Antichrist kommt, so sind jetzt auch viele zu Antichristen geworden. Aus dieser Tatsache erkennen wir, dass es die letzte Stunde ist." (1. Joh. 2:18)

Johannes, der letzte noch lebende Apostel, schrieb diesen Brief um 98 u. Z. Kurz darauf starb er ohne einen hemmenden Einfluss auf falsche Lehren hinterlassen zu können. Der Christen-lehre feindliches Gedankengut war jetzt ungehindert am Vor-marsch.

Ende des neunzehnten Jahrhunderts bekennt Kardinal John Henry Newman den schädlichen Einfluss auf die Kirche. In sei-nem Buch *Abhandlung über die Entwicklung der christlichen Lehre* ist nachzulesen: „Die Lenker der Kirche waren von frühen Zeiten an darauf vorbereitet, bei gegebener Gelegenheit die exis-tierenden Riten und Sitten des niederen Volkes ebenso wie die Philosophie der gebildeten Klasse zu adoptieren, nachzuahmen oder zu sanktionieren."

Aufgelistet ist hier, was unter anderem in die katholische Kirche aufgenommen wurde: „Kirchen wurden den einzelnen Heiligen geweiht und bei Gelegenheit mit Baumzweigen ge-schmückt: Weihrauch, Lampen und Kerzen, Votivgaben bei Ge-nesung aus Krankheit, geweihtes Wasser, Asyle, Feiertage und Zeiten, Gebrauch von Heiligenkalendern, Prozessionen, Felder-segen, Priestergewänder, die Tonsur, der Ehering, das Sich wen-den nach Osten, zu einer späteren Zeit Bilder, vielleicht der Kirchengesang, das Kyrie Eleison (Herr erbarme dich) sind heidnischen Ursprungs und geheiligt durch die Aufnahme in die Kirche."[2]

(Das ist das freimütige Eingeständnis eines Kardinals, der von Papst Leo XIII 1879 in diesen Stand erhoben wurde.)

Dem niederen Volk seine Tradition – dem gebildeten Stand seine Philosophie. Die katholische Kirche nimmt beides in ihren Schoß auf. Brauchtum und Tradition wurden im Namen des Herrn Jesus heilig gesprochen. Der Bazillus einer bewusst manipulierten Lehre Christi wirkt nachhaltig. Die Folgen sind eine bis heute zerstrittene Kirche, die dem Kirchenvolk auf viele Fragen nicht antworten kann.

Die Christenheit im vierten Jahrhundert

Gemessen an der christlichen Lehre des späten dritten und vierten Jahrhunderts, hat diese Kirche heute nicht mehr viel von dem aufzuwarten, was einmal als gesichert galt. So hatten die frühesten Synoden für Mord keine Strafe festgesetzt. Man war davon ausgegangen, unter Christen käme so etwas nicht vor. Die ersten Christen verweigerten deshalb den Kriegsdienst - „und andererseits auch wegen des militärischen Eides und der Billigung, wenn nicht gar der Ausführung götzendienerischer Handlungen, - weil dieser im Widerspruch zu dem ausdrücklichen Gebot Christi und dem Geist des Evangeliums stand."[3]

Dr. Gerhard Esser schreibt in seinem Werk *Vom Kranze des Soldaten*: „Wird es erlaubt sein, mit dem Schwerte zu hantieren, da der Herr den Ausspruch tut, wer sich des Schwertes bedient, werde durch das Schwert umkommen? Soll der Sohn des Friedens in der Schlacht mitwirken, er, für den sich nicht einmal das Prozessieren geziemt? Wird er Bande, Kerker, Foltern und Todesstrafen zum Vollzug bringen, er, der nicht einmal die ihm selber zugefügten Beleidigungen rächt? (...) Wird er vor den Tempeln Wache stehen, denen er widersagt hat? (...) Wird er auch die Fahne tragen, diese Nebenbuhlerin Christi? (...) Allerdings bei solchen, die dem Soldatenstande schon angehörten und die Gnade des Glaubens nachher fanden, ist die Sache eine andere, wie z. B. auch bei denen, welche Johannes zur Taufe zuließ und bei dem, welchen Petrus unterwies. (...) Trotzdem muss man, nach Annahme des Glaubens und der Taufe, entweder den Kriegsdienst sofort verlassen, was viele auch wirklich getan haben, oder um nichts, was auch durch den Soldatenstand nicht zu etwas Erlaubten wird, tun zu müssen, alle möglichen Ausflüchte suchen, oder zuletzt für Gott das dulden, was in gleicher Weise der heidnische Glaube zudiktiert."[4]

Die ersten Christen starben für ihren Glauben

> *„Der Christ wird nirgendwo*
> *ein anderer, als er ist."*
>
> (Tertulian)

Allgemein liquidierten die ersten Christen den Militärdienst sofort, nachdem sie die Taufe angenommen hatten, was aber nicht immer möglich war, wie im Fall der Thebanischen Legion. Konstantin d. Gr., der sich mit seiner Armee auf dem Marsch nach Rom befand, fasste jene Legionäre, die sich offen zum Christentum bekannten, in einer einzigen Legion zusammen, der Thebanischen. Diese Männer nahmen zwar an der von Konstantin angeordneten Parade teil, waren aber nicht bereit zu kämpfen. Konstantin, der sich mit theologischen Fragen nicht lange auseinander setzten wollte – er war Kaiser geworden, um dem Römischen Reich zu dienen – machte kurzen Prozess. Er ließ die Ordnungslegion aufmarschieren. Mit gezücktem Schwert bezog sie Stellung vor der Thebanischen Legion. Mann gegen Mann stand sich gegenüber – Soldat gegen Kriegsverweigerer. Stillschweigend erwarteten diese den Tod. Minutenlanges Bangen und eine unheilvolle Ruhe lag über dem Platz. Dann der Befehl des Centurio. Die Männer der Ordnungslegion hoben das Schwert und stießen dieses in den Hals ihres Gegenübers. So schritten sie blutbesudelt vorwärts zur nächsten Reihe der noch Lebenden, die stumm und ohne Bewegung auf ihr Los warteten.[5]

6.000 Männer starben in nur wenigen Minuten. Ihr Blut färbte die Erde rot. Sie gaben es für ihren Glauben und gaben für Gott das, was das Gesetz der Heiden fordert.

„Nimm es auf dich,
als treuer Kämpfer Jesu
Christus mit mir für ihn
zu leiden."

(2. Tim. 2:3)

Das Los der Christen ändert sich

Im Jänner 313 u. Z. gab Kaiser Konstantin – ein Jahr nachdem, er Maxentius (röm. Kaiser 306-312) in der Schlacht bei der Milvischen Brücke vor Rom vernichtend geschlagen hatte – sein berühmtes Toleranzedikt zugunsten der sich zum Christentum Bekennenden heraus. Sein Inhalt lautet: „Wir sind seit langem der Ansicht, dass Freiheit des Glaubens nicht verweigert werden sollte. Vielmehr sollten jedermann seine Gedanken gewährt werden, sodass er in der Lage ist, geistliche Dinge so anzusehen, wie er selbst will. Darum haben wir befohlen, dass es jedermann erlaubt ist, seinen eigenen Glauben haben und zu praktizieren, wie er will.“[6] (Das war der Standpunkt eines Mannes, der sich bis zu seiner Todesstunde (337) weigerte, zum christlichen Glauben überzutreten.)

Harte Kämpfe um die Dreieinigkeitslehre

Um dem Vielvölkerstaat mit seinen sozialen und kulturellen Verschiedenheiten einen politischen Zusammenhalt zu geben, wurde der Cäsarismus favorisiert, eine Staatsgewalt, bei der der weltli-

che Herrscher zugleich auch geistliches Oberhaupt (Cäsaropapismus) ist. Per Verordnung ist somit dem „göttlichen Kaiser" bei
gegebener Gelegenheit Weihrauch zu opfern und den allerorts
aufgestellten Statuen des Göttlichen, Verehrung in Form von
Anbetung zu bezeugen.

Eine in Glaubensfragen zerstrittene Christenheit war, wie
schon erwähnt, Konstantins politischem Interesse nicht dienlich.
Um die Sperenzien auszuräumen, berief er die christlichen Führer
zum Konzil nach Nicäa. Anlass zu harten Auseinandersetzungen
wurde hier besonders die Dreieinigkeitslehre, wobei der Kaiser,
der sich mit christlicher Theologie nie befasst hatte, vorerst eine
neutrale Stellung eingenommen hatte. Drei Monate lang dauerte
dieser Konflikt, der oft lautstark und bis hin zu Handgreiflich-
keiten zwischen den heiligen Männern ausartete. [7]

Der Schlüssel zur Lösung

Die Dreieinigkeitslehre, Grundgeheimnis von der einen Natur
und den drei Personen (Vater, Sohn und Hl. Geist), wurde von
den Verfechtern Athanasius, des jungen Archidiakon (Patriarch v.
Alexandrien) vertreten. Die andere Seite, die auf die Schriften

hinwies, dass Jesus Christus 'unter' Gott seinem Vater stehe, wurde von Arius (Priester in Alexandrien) angeführt. Arius lehrte: „Der Sohn, sei ein von Gott vor aller Zeit durch den Willen des Vaters aus dem Nichts hervorgebrachtes Wesen, und da der Sohn von Gott gezeugt worden sei, müsse es auch eine Zeit gegeben haben, in der er noch nicht da gewesen sei."[8]

In Spr. 8:33 heißt es zudem: „Mich hat Jahwe geschaffen als Erstling seines Waltens, als frühestes seiner Werke von urher." (Jerusalemer Bibel)

Auch die jüdische Religion (streng unitarisch) bestärkte Arius in seinem Glauben. Jesus und seine Jünger waren gebürtige Juden, und dieses Volk rezitiert bis auf den heutigen Tag, 5. Mose 6:4: „Höre, Israel! Jahwe, unser Gott, ist der einzige Jahwe." (Jerusalemer Bibel)

Die Dreieinigkeitslehre, Sinndeutung philosophischer Denker, hat keine biblische Grundlage. Doch der Kampf um dieses Symbolum geht indessen weiter, und seine Befürworter in Nicäa trugen vorerst den Sieg davon. Mit ausschlaggebend für deren Erfolg sollte ein mysteriöser Vorfall werden, der sich am Vorabend der Schlacht um Rom ereignet haben soll. Konstantins Armee lagerte vor der Schlacht dreißig Meilen vor Rom. Die Stadt lag unter einer dichten Dunstwolke. Am späten Nachmittag zog ein starkes Gewitter auf. Zuckende Blitze erhellten für kurze Momente den dunklen Himmel. Der Dominus stand sorgenvoll vor dem Kommandozelt. Das schwere Unwetter und andere nicht vorher berechenbare Zufälle könnten seinen Plan vereiteln. Strategie und Angriffstaktik hatte er mit seinen Generälen immer wieder bis in das kleinste Detail durchexerziert. – Dann plötzlich ein Windstoß! – Die dunkle Wolke am Himmel wurde einen spaltbreit aufgerissen - das Licht der Sonne brach durch und zeichnete undeutlich ein schräges Kreuz am Himmel. Der Priester neben Konstantin sah darin augenblicklich das Zeichen des verherrlichten Jesus Christus. Er fiel auf seine Knie, faltete die Hände gegen den Himmel und stammelte tief betroffen: „Dominus, das Zeichen Christi! Unter diesem Zeichen wirst du siegen!"

Konstantin, von der Kraft seiner Götter überzeugt und nicht von Jesus Christus, deutete diese Erscheinung als einen Fingerzeig der göttlichen Sonne! (Wie tief Konstantins Glaube im Sonnenkult verwurzelt war, wird dadurch begründet, dass er 321 der Sonne zur Ehre einen Tag bestimmte, an dem jegliche Arbeit zu ruhen hatte – den Sonntag.)

Nach längerem Drängen des Priesters und einiger Offiziere akzeptierte Konstantin den Vorschlag, dieses Zeichen an die

Schilder jener Soldaten malen zu lassen, die in den vorderen Reihen marschierten. Am darauf folgenden Tag fiel die Stadt fast ohne Widerstand. Die Christen in Rom kamen ihren vermeintlichen Brüdern zu Hilfe und öffneten die Tore der Stadt.

Um sein Ansehen als Feldherr und Stratege nicht zu schmälern, kam Konstantin zu folgendem Entschluss: „Wenn der Kampf um Rom mit Hilfe dieses Zeichens entschieden werden konnte, dann ist Christus dem Vater nicht untergeordnet. Vater und Sohn sind gleich groß! Das Gleichheitsprinzip ist deshalb zu akzeptieren."

Konstantin, der bei dem Konzil (Nicäa 325) den Vorsitz führte, zwang nun die anwesenden Bischöfe, dieses neu geschaffene Symbolum zu billigen. Jene Kirchenfürsten, die diese Formel nicht anerkennen wollten, wurden ins Exil geschickt.

Der Kaiser bewirkte zwar einen Konsens, war aber von seiner Entscheidung selbst nicht restlich überzeugt. Das zeigte sich gegen Ende seines Lebens (333), indem er die Dreieinigkeitslehre widerrief, Arius aus dem Exil zurückholte und jetzt dessen Gegner verbannte.

Nach Konstantins Tod wurden die Fronten in dieser Sache noch einige Male gewechselt. Das Für- und Gegen die Dreieinigkeitslehre dauerte noch etwa sechzig Jahre. Erst 395 trägt Augus-

25

tinus (Bischof von Hippo) maßgeblich dazu bei, diesen umstrittenen und nichtbiblischen Lehrsatz endgültig in das katholische
Glaubensbekenntnis aufzunehmen.

Zur Person Augustinus (des Trinität Befürworters) heißt es
in der *New Encyclopedia Britannika*: „In seinem Geist ver-
schmolz die Religion des Neuen Testaments am vollständigsten
mit der platonischen Überlieferung der griechischen Philosophie."

Im *Nouveau Dictionnaire Universell* wird gesagt: „Die
Platonische Trinität – an sich nur eine Neuordnung älterer Tria-
den, die auf frühe Völker zurückgehen – scheint die rationale
philosophische Trinität von Merkmalen zu sein, die die von den
christlichen Kirchen gelehrten drei Hypostasen oder göttlichen
Personen gebar. (...) Diese Vorstellung des griechischen Philoso-
phen (Plato, 4. Jh. v. u. Z.) von der göttlichen Trinität kann man
in allen alten [heidnischen] Religionen finden."[9]

„Die nicht-biblische Herkunft dieses ursprünglich gnosti-
schen Ausdruckes 'Dreieinigkeit' war der schwerste Nachteil
dieser Einheitsformel".[10]

Christoph Blumhardt d. J. ergänzt: „Deswegen bin auch ich
nicht ganz damit einverstanden, wenn Jesus vergöttert wird – das
kann nur eine Christenheit tun, die Gott nicht mehr versteht und

Menschenvergötterung treibt; Jesus ist das Kind Gottes, ja, aber nicht damit wir einen zweiten Gott bekommen, sondern dass die Wucht des Göttlichen durch Jesus ganz in die menschliche Sphäre hineinkommt."[11]

„Die Dreiheit der Person in der Einheit der Natur - diese Ausdrücke erscheinen eigentlich nicht in der Bibel. Die trinitarische Definition wurde nach ausgehenden Kontroversen festgelegt und von einigen Theologen fälschlich auf Gott angewandt."[12]

Auch in der *New Catholic Encyclopedia* gibt es den Hinweis: „Die Formulierung, ein Gott in drei Personen setzte sich erst gegen Ende des vierten Jahrhunderts richtig durch und war bis dahin noch nicht völlig in das christliche Leben und das christliche Glaubenbekenntnis aufgenommen worden. Aber erst diese Formulierung kann eigentlich die Bezeichnung 'Dreieinigkeitsdogma' beanspruchen. Den apostolischen Vätern war eine solche Auffassung oder Vorstellung völlig fremd."[13]

Das Königreich Gottes

Im Jahre 380 geschah mit dem Christentum etwas, was Jesus erstaunt hätte. Dazu der französische Historiker und Philosoph Louis Rougier: „Als sich das Christentum ausbreitete, machte es eine seltsame Wandlung durch, bis es nicht mehr zu erkennen war. Aus der ursprünglichen Kirche der Armen, die von Almosen lebte, wurde eine triumphierende Kirche, die sich mit den bestehenden Mächten einigte, wenn es ihr gelang, diese zu beherrschen."

Der Historiker Henri Marrou schreibt: „Das Christentum oder sagen wir besser der orthodoxe Katholizismus, wurde am Ende der Regierung Theodosius I. (383) die offizielle Religion der ganzen römischen Welt."

Zu dieser Zeit verfasste der Heilige Augustinus sein Hauptwerk: *Der Gottesstaat.* Darin beschreibt er zwei Städte, die Gottesstadt und die Erdenstadt. - Professor Latourette kommentierte: „Augustinus gab offen zu, dass die beiden Städte miteinander verflochten sind."

In einem Nachschlagewerk heißt es zu diesem Thema: „Augustinus lehrte: Das Königreich Gottes habe in dieser Welt mit der Gründung der katholischen Kirche zu herrschen begonnen."[14] Eine überhebliche Behauptung. Denn als der Heilige Augustinus 'Gottes Königreich auf Erden' als nun gekommen proklamierte und Basilius (Bischof von Cäsarea) den Soldaten das Sakrament (Abendmahl) noch verweigerte, feilten diese Kirchenlehrer bereits emsig am Gebot Gottes: „Du sollst nicht morden." Dieses ausdrückliche und klare Gebot wurde von diesen Herren so abgeändert (verstümmelt), dass privater Mord (Abtreibung mit eingeschlossen) zwar weiterhin verboten blieb, der „gerechte Krieg" und die Todesstrafe jedoch zu legalisieren waren.

Ausschlaggebend für die Durchsetzung des legitimen Mordes wurde jener heilige Augustinus, der auch die schlimmsten sozialen Gegensätze rechtfertigte, und dessen Ratschlag an die Armen hieß: „Im ewig gleichen unverändert harten Joch des niederen Standes auszuharren." Dieser Schreibtischtäter, der lehrte, 'wer härter straft, zeigt größere Liebe', traf die folgenschwere Unterscheidung zwischen 'gerechtem' und 'ungerechtem' Krieg. „Was hat man gegen den Krieg, etwa, dass Menschen, die doch einmal sterben müssen, dabei umkommen", fragt Augustinus, der heilige Mann, der auch die Zwangsbekehrung Andersgläubiger, die Konfiskation ihres Vermögens, die Verbannung Andersdenkender betrieb, auch schon die Folter erlaubte, sie sogar 'leicht' im Vergleich zur ewigen Höllenstrafe nannte (eine förmliche

'Kur' für den Menschen), verteidigte den 'gerechten Krieg' als Weg zum Frieden, zumal der Erfolg des Guten eine gewisse Verlustquote rechtfertigt. (...) Diese Doktrin stammt von einem Täter, der als 'Zunge des Heiligen Geistes' gefeiert worden ist, von einem Verbrecher des Wortes, „der, wenn auch ein irdischer Mensch, in überirdischen Visionen wie ein Engel immerfort Gott schaute."[15]

Trotz der Fähigkeit 'Gott zu schauen', blieb es dem heiligen Mann verwehrt, die Weissagung des Propheten Jesaja zu schauen. War es Absicht oder verstand er den Propheten nicht, der da schreibt: „Gott wird zu seiner Zeit Recht sprechen unter den Nationen und die Dinge richtig stellen hinsichtlich vieler Völker. Und sie werden ihre Schwerter zu Pflugscharen schmieden müssen und ihre Speere zu Winzermessern. Nation wird nicht gegen Nation das Schwert erheben, auch werden sie den Krieg nicht mehr lernen." (Jesaja 2:4)

Wann und wo sollte sich dieses prophetische Wort erfüllen? Auf 'Erden' muss es sich erweisen – denn im Himmel werden keine Waffen geschmiedet, auch wird der Krieg hier nicht gelernt.

Mit der Gründung der katholischen Kirche hat nicht Gottes Königreich zu regieren begonnen, wie Augustinus behauptete, es war die römisch-katholische Kirche, die das Waffenhandwerk übte und sich mit deren Hilfe als HERR über die Völker der Erde erhoben hatte.

Kreuzzüge, Inquisition und Verfolgung
im katholischen Königreich

Das Toleranzedikt des ungetauften Heiden Konstantin, das jedermann religiöse Freiheit garantierte, hatte im katholischen Königreich keinen Platz. An seine Stelle rückten Kreuzzüge, Inquisition und Verfolgung. Die Opfer waren Heiden, Türken, Juden und Ketzer.

Politik, Rassismus und chauvinistischer Patriotismus wurden zum Leitmotiv dieser Kirche. Ihre religiösen Führer haben die Fahne, die Nebenbuhlerin Christi, ergriffen und das Gebot der Nächstenliebe in den Staub getreten. Im Laufe der Jahrhunderte führte das zu den blutigsten Kriegen innerhalb der Christenheit. Waffen wurden gesegnet, und Gebete gesprochen, die sich gegen den christlichen „Bruder-Feind" richteten, als würde sich Gott bei kriegerischen Auseinandersetzungen für eine Partei entscheiden.

„Denn das ist die Botschaft, die

ihr von Anfang an gehört habt,

dass wir einander lieben sollten,

nicht wie Kain,

der seinen Bruder hinschlachtete.

Und weswegen schlachtete er ihn hin?

Weil seine Werke böse waren. "

(1. Joh. 3:11,12)

Judenverfolgung im Zeichen des Kreuzes

Der blutige Antijudaismus im 20. Jahrhundert ist die Fortsetzung antichristlichen Kapitalverbrechens. Niemanden kann es wundern, dass dieser dekadente Weg eines entmenschten Klerikalismus direkt in die Gaskammern des gläubigen Katholiken Adolf Hitlers führte. Im April 1933 erklärte dieser dem Bischof Berning (Vertreter deutscher Bischöfe bei der Reichsregierung): „Die katholische Kirche hat 1500 Jahre lang die Juden als Schädlinge angesehen. Ich gehe zurück auf die Zeit, was man 1500 Jahre lang getan hatte, und vielleicht erweise ich dem Christentum den größten Dienst."[16]

Der Dienst, den Hitler dieser Kirche erwiesen hatte, war das blutigste Opfer aller Zeiten. Sechs Millionen Juden kamen in deutschen Konzentrationslagern zu Tode. Fragt jemand nach Schuld und dem Warum? – Die Antwort lautet: „Sie waren Juden."

Wo war die Kirche, die seit 1500 Jahren mit den Mächtigen dieser Welt paktiert? Da war keine Kirche! Da war kein Bischof - kein Christmensch – auch kein Papst, der einen Finger hob. War es eine Gefälligkeit Adolf Hitlers, oder war es das Unvermögen dieser Herren in Rom, sich, wenn auch nur verbal, zu diesem Verbrechen zu äußern?

Zu spät veröffentlichte der Vatikan 1998 ein Dokument zur Geschichte der Judenverfolgung, in dem der mangelnde Widerstand gegen die NS-Massenmorde in einem „tiefen Akt der Reue" beklagt wird. Das Versagen hätte diesen „unauslöschlichen Schandfleck möglich gemacht." Weiter heißt es dazu: „Wir bedauern zutiefst die Irrtümer und das Versagen der Söhne und Töchter der Kirche". Irrtümer und Versagen ermöglichten das Morden am jüdischen Volk. Nationen wurden schuldig - auch die Kirche. Aus welchen Gründen immer dieses Verbrechen möglich wurde, es war mehr als Verrat am ewig verfolgten Christenfeind, dem Juden.

Die erste Endlösung -

mehr als 100.000 Juden sind die Opfer

Das Pogrom am jüdischen Volk ist, wie schon erwähnt, keine Schöpfung des zwanzigsten Jahrhunderts. Seine Wurzeln reichen bis zur Gründungszeit der katholischen Kirche zurück. Wer hier in der Geschichte nachliest, findet bekannte Namen wie: Augustinus, Tertullian und Johannes Chrysostomus - Christen, die den Judaismus fast zur eigenen Literatur machten. Ihre Kampfschriften gegen die Juden wurden zum Markenzeichen der katholischen Kirche.[17]

Die Folgen sind unübersehbar: Im vierten Jahrhundert brennen Synagogen. Kirchenfürsten ziehen jüdisches Vermögen ein, lassen Juden internieren und vertreiben. Der heilige Kyril (Patriarch v. Alexandria) bereitet die „erste Endlösung" vor. Mehr als 100.000 Juden sind ihre Opfer.[18]

Eine Liste historischer Repressalien
gegen die Juden

Vieles, was hier nachzulesen ist, erinnert an die Nazizeit.

306 verbietet die Synode von Elvira die Ehe und den Verkehr zwischen Christen und Juden sowie die gemeinsame Einnahme von Speisen.[19]

538 dürfen Juden in der zweiten Hälfte der Karwoche (...) die Straße nicht betreten (dritte Synode von Orleans).[20]

633 beschäftigt sich das vierte Konzil von Toledo ausführlich mit der Strafbemessung für getaufte, doch wieder abgefallene Juden, mit derer Bestrafung der Bischof beauftragt wird. Kinder von Abgefallenen, die beschnitten sind, müssen den Eltern weggenommen werden und in christlichen Familien erzogen werden.[21]

692 wird Christen untersagt, jüdische Ärzte zu konsultieren (Trullanische Synode).[22]

1078 müssen Juden wie Christen den Kirchenzehnten bezahlen, obwohl sie nicht zur Kirche gehören (Synode von Geronah).[23]

1182 vertreibt der katholische König Philipp Augustus die Juden aus Frankreich und beschlagnahmt deren Eigentum; der Erlass wird **1394** wiederholt.[24]

1215: Juden müssen an ihrer Kleidung Unterscheidungszeichen tragen (4.Laterankonzil).[25]

1222: Juden dürfen keine Synagogen mehr bauen (Konzil von Oxford).[26]

1267: Juden dürfen nur in Judenvierteln wohnen (Synode zu Breslau).[27]

1337 ermorden Katholiken von Deggendorf (Niederbayern) aufgrund eines angeblichen Hostienfrevels alle Juden der Stadt.[28]

1349 werden in Straßburg 2.000 Juden verbrannt und ihr Vermögen unter den Christen geteilt. Damals töteten Katholiken in mehr als 50 deutschen Gemeinden nahezu alle Juden, meist durch Verbrennen.[29]

1378 stachelte der stellvertretende Erzbischof Martinez zur Judenverfolgung auf.[29a]

1391 werden unter seiner Führung in Sevilla 4.000 Juden getötet und 25.000 versklavt. Er befiehlt: „Diejenigen Juden, die nicht Christen werden wollen, werden totgeschlagen.[30]

1421: Juden müssen Geldbußen für die Ermordung christlicher Kinder zahlen (Regensburg).[31]

1426 vertreibt man „zur Ehre Gottes und der Heiligen Jungfrau" die Juden aus Köln.[32]

1434: Juden dürfen keine akademischen Grade erwerben (Konzil von Basel).[33]

1458 vertreibt man die Juden aus Erfurt.[34]

1487 werden alle Juden aus Spanien vertrieben und **1492** aus Portugal.[35]

1519 rottet man die Juden in Regensburg aus.[36]

1648 wurden in Polen bei einer antisemitischen Welle etwa 20.000 Juden umgebracht.[37]

Das Eigentum von Juden, die in einer deutschen Stadt ermordet werden, gilt als öffentliches Eigentum (deutsches Gesetzbuch aus dem vierzehnten Jahrhundert).[38]

Die meisten der Ermordeten hatten Vermögen. Die Juden hatten vergleichsweise viel.

Die Todesstrafe an Juden durchgeführt

Die Todesstrafe wurde meist auf grausame Weise und unter unvorstellbarer Marter vollzogen. Die Chronik berichtet über den Münzjuden Lippold, wie dieser vom Leben zum Tode befördert wurde: „Am Mittwoch vor Fastnacht 1572 wird vor dem Berliner Rathaus die Hauptverhandlung gegen den Juden gehalten. Lippold wird sechsmal gefoltert, bis er sich der Zauberei schuldig bekennt. Darauf wird er mit glühenden Zangen gezwickt, seine Glieder werden auf dem Rad zermalmt - und anschließend der geschundene Körper geviertelt. Die Eingeweide werden verbrannt, und die übrigen Körperteile an den Stadttoren aufgesteckt." - Die Titelschrift zu dem noch vorhandenen Holzschnitt von 1573 besagt: „Wahrhaftige Abkonterfeyung oder Gestalt des Angesichts des Leupold Jüden, samt Führbildung der Exekution, welche an ihm, seiner wohlverdienten und unmenschlichen Thaten halben, den 28. Januar 1572 zu Berlin nach Innhalt Göttlicher und Kayserlicher Rechten vollzogen worden ist".[39]

Die Todesstrafe am unschuldigen Pfefferkorn, einem konvertierten (getauften) Juden, der in Halle bei Kardinal Albrecht in Dienst und Gnade stand, wurde nicht weniger unbarmherzig vollzogen. Pfefferkorn sollte versucht haben, den Kardinal zu vergiften, so die Falschanklage eines bei Albrecht im Dienst stehenden eifersüchtigen Dieners. Dem Bericht zufolge wurde Pfefferkorn nach langer Folter zu einem bestialisch anmutenden Tod verurteilt. Der Unglückliche wird mit glühenden Zangen gerissen und an eine Kette geschmiedet, die an einem Pfahl festgemacht ist. Um ihn herum wird ein Kohlenfeuer angelegt, in dem er sich durch ständiges Herumlaufen selbst braten musste, „welches

Richtern und Geistlichen", so der Bericht, „ein erbauliches und rechtsbegründetes Trauerspiel verursacht, bis er seinen Geist aufgibt. Die Geistlichkeit sah dergleichen Grausamkeiten der Richter mit kaltem Blute an und waren mit ihrem Rat und Beistand behilflich."[40]

Der ewige Jude

Nach einer Legende irrt der ewige Jude

ratlos um die Welt, weil er nicht gestatten wollte,

dass Jesus, als er das Kreuz nach Golgatha

getragen hat und vor des Juden Haus

ausruhen wollte.[40a]

Die Völker des frühen und späten Mittelalters sind bekannt für ihr unmenschliches Verhalten. Die Assyrer pfählten ihre Gefangenen oder begruben diese lebendig kopfüber in einem Erdloch. Die Römer kreuzigten Straftäter. Es ist dies die qualvollste Todesart, weil der Delinquent oft bis zu sechsunddreißig Stunden am Kreuz hing, bis der Tod durch Ersticken eintrat.

Werner Keller schreibt dazu in seinem Werk *Und die Bibel hat doch recht:* „Bei den an beiden Händen aufgehängten Menschen sackt das Blut sehr rasch in die untere Körperhälfte. Schon nach 6 bis 12 Minuten sinkt der Blutdruck auf die Hälfte und der Pulsschlag steigt auf das Doppelte. Das Herz bekommt zu wenig Blut. Eine Ohnmacht ist die Folge. Sie führt aufgrund ungenügender Gehirn- und Herzdurchblutung sehr bald zu einem orthostatischen Kollaps. Der Kreuzestod ist ein Herztod. (...) Es ist verbürgt, dass Gekreuzigte erst nach zwei Tagen oder noch später gestorben sind. Auf dem senkrechten Balken wurde oft eine kleine Stütze, 'sedile' (Sitz) oder auch 'cornu' (Horn) genannt, angebracht. Stützt sich der Verurteilte in seiner Not zeitweise darauf, steigt wieder Blut in die obere Körperhälfte, und die beginnende Ohnmacht vergeht wieder. Sollte die Qual des Gekreuzigten schließlich beendet werden, so schritt man zum 'crurifragium'; ihm wurden durch Knüppelschläge die Unterschenkelknochen gebrochen. Darauf trat dann, da eine Entlastung auf der Fußstütze nicht mehr möglich war, der Herztod sehr schnell ein."[41]

Das 'cruifragium' blieb Jesus erspart. „Da kamen die Kriegsknechte und brachen dem ersten die Beine und dann dem andern, der mit ihm gekreuzigt war. Als sie aber zu Jesus kamen und sahen, dass er schon gestorben war, brachen sie ihm die Beine nicht." (Joh. 19:32,33)

Der Bericht erinnert an die Prophezeiung aus Psalm 34:20,21: „Viele Leiden erfährt der Gerechte, / doch aus allen wird Jahwe ihn erlösen. Er behütet alle seine Glieder, nicht eines wird ihm gebrochen." (Jerusalemer Bibel)

Die Christen sollten nicht dergleichen Grausamkeiten tun. Christi lehrte dieses Handwerk nicht. Er untersagt jede Art von Hass und Gewalt an Mensch und Seele. Die katholischen Kleriker waren bei ihrer Methode, Menschen hinzurichten, indes kein Vorbild.

Nicht nur Juden gehörten zum Feindbild des orthodoxen Katholizismus. Auch Andersdenkende, der Konspiration oder gar der Hexerei Verdächtige, wurden schon beim geringsten Anlass verfolgt, und nicht selten endeten auch unbewiesene Anschuldigungen mit der Todesstrafe.

Die Verfolgung der Hexerei Verdächtigen

Ab 1258 u. Z. sind Hexenerlässe von Päpsten nachweislich. Innozenz VIII. (1484-1492) beauftragte in seiner *Summis desiderantes affectibus* die Dominikaner Institoris und Sprenger in Deutschland, alle Hexen aufzuspüren und auszurotten. Durch Bullen der Päpste Alexander VI., Julius II., Leo X., Hadrian VI.

und Clemens VII. wurde die Hexenverfolgung auch im übrigen Europa sanktioniert.

Ende des 16. Jh. verurteilte ein einziger Richter in Lothringen 800 Hexen zum Tod auf dem Scheiterhaufen. Verfolgt wurden vorwiegend Frauen. Unter den von 1500-1680 etwa 100.000 verbrannten Opfer, waren nur 10% Männer.[42]

Wie Geistliche über Frauen urteilten

Warum wurde der Hexenwahn meist Frauen und nur 10% Männern zur Falle? „Die Frau war von Natur aus geneigter, vielleicht auch aus purer Neugier, sich dem Hexenglauben hinzugeben." Dies war der Standpunkt einer von Männern dominierten Welt, lanciert von der Geisteshaltung der katholischen Kirche. Das lässt sich an Hand überlieferter Schriftstücke nachweisen.

Albert Magnus, ein 1941 von Papst Pius XII. zum Patron aller Naturwissenschaftler erklärter Mönch aus dem 13. Jh., nennt die Frauen „defekte Wesen".[43]

Der anerkannteste Lehrer der katholischen Kirche, Vorbild bis heute, wenn es nach dem Wunsch des Papstes ginge, Thomas von Aquino, wird Angst und Sadismus in einem los: „Frauen sind missglückte Männer, Menschen, denen etwas (was wohl?) zum richtigen Menschen fehlt."[44]

„Man darf nicht vergessen, dass das erste Weib aus einer krummen Rippe gemacht und deshalb ein unvollkommenes Geschöpf ist (...) darum wird sie immer betrügen, denn alle Hexerei entstammt der Fleischeslust (...) der Schoß einer Frau ist unersättlich (...) um ihre Lust zu stillen, verkehrt sie selbst mit dem Teufel."[45]

Alexander von Hales bemerkt: „Wie schon Eva wegen ihrer geringen Unterscheidungskraft verführt worden ist, so sind darum auch die Weiber der Zauberei gegenüber aufgeschlossener."

Wilhelm von Paris: „Die Frauen sind von Natur aus empfänglicher für die himmlischen und teuflischen Einsprechungen."

Johann Nieder deutet in seinem Ameisenbuch an, dass die zauberliebenden Weiber auf der Bahn des Bösen den Vortritt haben, man dürfe sich nicht wundern, wenn sich das schwache Geschlecht im Verkehr mit dem Teufel vermessen zeige.

Ambrosius de Vignarte schreibt in seinem Buch: „Der Teufel besucht besonders gern die Frauen, während dies bei Männern gewöhnlich nicht der Fall ist."

Martin Luther gelangt zu der Erkenntnis: „Wer mag alle leichtfertigen und abergläubischen Dinge erzählen, welche die Weiber treiben. (...) Es ist ihnen von der Mutter Eva angeboren, dass sie sich äffen und betrügen lassen."[46]

Diese morbide Einstellung machte es leicht möglich, unschuldige Frauen der Hexerei anzuklagen und am Scheiterhaufen zu verbrennen. Eine oft bei den Haaren herbeigezogene Anschuldigung, ein Unwetter, das durch Hagel die Ernte des Nachbarn zerstörte, das eigene Feld aber verschonte, genügte, um die Frau des Bauern zu verdächtigen, mit dem Teufel im Bund zu stehen (Prozessakt aus dem Grazer Archiv, 16. Jh.)

Nach tagelangem Verhör – oft hatte die Prozedur überwiegend den Charakter obszöner Schauveranstaltungen, die Verschmelzung religiösen Fanatismus und aufgestauter Sexualität – wurden die Opfer ihren Folterknechten übergeben. Diese inquisierenden Schweine, bemüht, das teuflische Mal in der Nähe der Brüste oder der Geschlechtsteile zu finden, folterten und schändeten die Unglücklichen so lange, bis diese in den Wahnsinn getriebenen zu Geständnissen bereit waren, um die Erlösung in einem gnadenvollen Tod zu finden.[47]

Dieses Verbrechen wurde durch päpstliche Anordnung möglich. Der Papst in Rom mag sich mit dem Argument verantworten, es sei seine heilige Pflicht, die Kirche Gottes vor derlei teuflischem Einfluss zu schützen. Und wenn sich der Stellvertreter Christi auch auf den Heiligen Geist beruft, so wird die Schuld am Verbrechen dieser Frauen nicht kleiner, denn er macht den HERRN dafür verantwortlich!

Kämpfe um den Stuhl Petri

„Auch sollt ihr niemand unter euch auf Erden Vater nennen, denn einer ist euer Vater, der im Himmel. Auch Lehrer sollt ihr euch nicht nennen lassen, denn einer ist eurer Lehrer: Christus. "

(Matth. 23:9,10)

Dieses klare und unmissverständliche Gebot des HERRN, wurde einem biblisch fremden System geopfert. Das Urchristentum kannte kein monarchisches Episkopat (bischöfliches Kollegium.) So etwas hat sich wohl erst um die Mitte des zweiten Jahrhunderts herausgebildet. Bis dahin waren die Apostel und Presbyter

(Gemeindeälteste) an der Leitung und Repräsentation der Gemeinde beteiligt.

Bis zum Ende des ersten Jahrhunderts (dem Tod des letzten Apostels) waren die meisten Städte des Ostens, nach Jerusalem, Caesarea in Palästina, Antiochia, Ephesus, Athen, Korinth, Alexandria und Rom mit dem Evangelium in Berührung gekommen. Die Situation für die hier lebenden Christen änderte sich schlagartig, als durch ein Edikt Kaiser Trajans (98-117) das „Christsein" zum Verbrechen wurde, auf das die Todesstrafe stand. Die Weigerung, die Schutzgötter des Reiches anzubeten, sowie dem Kaiser (Gott) Tribut zu zollen, wurde zum Hauptanklagepunkt. Schwere Christenverfolgungen gab es auch unter Mark Aurel 177, unter Dacius 250 und unter Diocletian von 306 bis über seinen Tod (311) hinaus.

Das Mailänder Toleranzedikt von Kaiser Konstantin (313) beendete dann endgültig die Verfolgung der Christen. Aus den Katakomben Roms stieg nun die Verehrung der Märtyrer hervor.

Rom wird Zentrum der katholischen Kirche.

In einem Gesetz, das für die Christenheit entscheidend geworden war, gebietet Kaiser Theodosius d. Gr.: „..., dass alle Nationen, die von seiner Gnaden regiert werden, dem Glauben anhängen sollen, der von dem heiligen Petrus den Römern verkündet worden war." Ferner verbot Theodosius 380 durch Edikt endgültig die Lehre Arius' (Gegner der Dreieinigkeit), berief 381 das zweite ökumenische Konzil ein und verbot in Konstantinopel alle „heidnischen Kulte". Theodosius d. Gr. wurde somit Begründer der römischen Staatsreligion.[48]

Nach dem Willen des Kaisers war es nun angebracht, eine patriarchalische Autorität zu schaffen. Dieser fürstliche Stand sollte eine Verfassung nach dem Muster des Römischen Reiches erhalten. Der Rangordnung der bürgerlichen Verwaltung entsprechend war der Bischof von Rom zum Oberhaupt, zum Souverän der katholischen Kirche aufgestiegen und hatte somit den Primat, die oberste Gewalt der absoluten Rechtsprechung über alle Kirchenmitglieder.

Wie eng der römische Staat mit der katholischen Kirche zusammenarbeitete, macht Valentinian III. (425-455), Kaiser des Römischen Reiches, deutlich. Valentinian untersagte den Bischöfen, sowohl in Gallien als auch in anderen Provinzen, „von den bisherigen Gewohnheiten abzuweichen, ohne die Billigung des ehrwürdigen Mannes, des Papstes der Heiligen Stadt."[49]

Durch diese kaiserliche Verordnung festigte sich die Macht des röm. Bischofs weiterhin. Und die meisten Bischöfe unterordneten sich dieser Weisung, - doch nicht alle waren dazu bereit: Die Nestoriraner (heute Koptische Kirche) brachen nach der Verurteilung ihrer Lehre durch das Konzil von Ephesus 431 mit der röm. Reichskirche. Nestorius verwarf die Bezeichnung Marias als „Gottesmutter" und lehrte die Trennung der göttlichen und menschlichen Person in Christus (nicht zwei Naturen, sondern zwei Personen).[50]

Die übrigen Kirchen vollzogen die Abtrennung 451 durch die Weigerung, das oben genannte Dogma anzuerkennen. Der Streit um den Zusatz Filioque* im Glaubensbekenntnis der lateinischen Kirche führte dann 1054 endgültig zum Bruch zwischen Ost- und Westkirche. (Großes Schisma)

*Filioque, das lateinische Wort wurde von der römischen Kirche im 11. Jh. in das Credo eingefügt: Ich glaube an den Heiligen Geist, der vom Vater 'und' vom Sohn ausgeht. Die Ostkirchen wollten die bisherige Formulierung: Ich glaube an den Heiligen Geist, der vom Vater. 'über' den Sohn ausgeht, beibehalten.[51]

Der Kampf um das Amt des röm. Bischofs

Als Papst Liberius 366 u. Z. starb, wählten zwei Parteien einen Nachfolger. Ursinus stand auf der einen, Damasus auf der anderen Seite. Nach ausgedehnten Straßenkämpfen schlossen sich Ursinus' Anhänger in der gerade fertig gewordenen Basilika Santa Maria Maggiore ein. Damasus Anhänger kletterten auf das Dach, brachen ein Loch hinein und bombardierten die Besetzer mit Dachziegeln und Steinen. Am Ende eines dreitägigen Kampfes wurden 137 Leichen, Anhänger des Ursinus, hinaus getragen. Ursinus hatte den Kampf um das hohe Amt verloren und wurde vom Statthalter des Kaisers ins Exil geschickt. Doch das Verbrechen von Santa Maria Maggiore blieb ein Makel in Damasus' Pontifikat. Um ihn auszugleichen, betonte Damasus seine geistliche Autorität als „Nachfolger Petri" - ein Anspruch, der von den Kirchenvätern bis dahin nicht erhoben worden war. Erst 382 mit Damasus, schreibt Henry Chadwick, bekam dieser petrinische Text: „Du bist Petrus" eine Bedeutung als theologische Begründung für Primatansprüche.[52]

Wer im Verzeichnis der Päpste nachliest, nach der offiziellen Aufstellung Annuario Pontificio, dem wird auffallen, dass von

844 bis 1003 (in nur 159 Jahre) 44 Päpste regierten, davon neun Gegenpäpste (Scheinpäpste.) Die durchschnittliche Amtszeit dieser Männer dauerte etwas mehr als 3 Jahre. Der Grund für diese Fluktuation: Die Wahl zum Papst war ein einträgliches Geschäft. Der Prätendent (Bewerber) zahlte ein Vermögen, um in dieses Amt gewählt zu werden, und - es war mit einem kurzen Pontifikat zu rechnen, denn die Anwärter waren alt und krank.

Ein herausragendes Beispiel wurde hier die Familie Conti aus dem Hause Tuskulum, deren Ehrgeiz, dem Heiligen Stuhl zu dienen, nicht mehr übertroffen werden konnte. Die Familie konnte sich rühmen, dreizehn Päpste (darunter ein Kindpapst), drei Gegenpäpste und vierzehn Kardinäle hervorgebracht zu haben. Als Papst Johannes XIX. vom Hause Tuskulum 1043 starb, zahlte Graf Alberich III. ein Vermögen, um den Job in der Familie zu halten. Da kein anderes Mitglied in der Familie greifbar war als der eigene Sohn, wurde die Not zur Tugend gemacht. Wer konnte den leer gewordenen Stuhl besser füllen als Theophylactus? [53]

Roall Gaber, ein Mönch von Cluny, berichtet: Bei dieser Wahl im Oktober 1032 war seine Heiligkeit Benedikt IX. elf Jahre alt. Monsignore Louis Duchense zufolge, war Benedikt „nur ein Bengel, der bald aktiv Schaden anrichten sollte. Seine Heiligkeit Abenteuer mit Damen beweisen, dass der Kindpapst sehr früh in die Pubertät kam." Als er vierzehn war, schrieb ein Chronist, hätte er alle seine Vorgänger in Ausschweifung überholt.[54]

Peter de Rosa schreibt dazu: „Es war ein seltsames Schauspiel: Ein Junge, der noch nicht einmal im Teenageralter war, der noch nicht im Stimmbruch war, sollte als oberster Gesetzgeber und Herrscher der Kirche die *Tiara tragen, in St. Peter das Hochamt zelebrieren, Pfründen vergeben, Bischöfe ernennen und Ketzer exkommunizieren."[55]

*Anmerkung zu Tiara.
1. (hist.) hohe, spitze Kopfbedeckung der altpersischen Könige.
2. Dreifache Krone des Papstes, die er bei feierlichen Anlässen außerhalb der Liturgie trägt. (Fremdwörterbuch – Duden)

Dazu der Kommentar von Martin Luther: „Zum ersten ist´s greulich und erschrecklich anzusehen, dass der Oberste in der Christenheit, der sich als Christi Stellvertreter und St. Peters Nachfolger rühmt, so weltlich und prächtig daherfährt, dass ihm darin kein König und kein Kaiser nachkommen und gleich werden kann. (...) Er trägt die dreifache Krone, während die höchsten Könige nur eine Krone tragen. (...) Ich meine aber, wenn er unter Tränen vor Gott beten würde, müsste er jedenfalls solche Krone ablegen, die, - weil unser Gott keine Hoffahrt leiden kann. (...) Es wäre dem Papst genug eine gewöhnliche Bischofskrone; durch

Erkenntnis und Heiligkeit sollte er größer sein vor den anderen und die Krone der Hoffahrt dem Antichrist lassen".[56]

Am 1. Mai 1045, nach mehr als elf Jahren, trat Papst Benedikt IX. unter allgemeinem Jubel zurück. Papst Viktor II. schrieb später: „Da er das Vergnügen liebte, zog er es vor, mehr als ein Epikur (Genussmensch) als wie ein Bischof zu leben."[57]

Im neunten und zehnten Jahrhundert waren etliche Päpste Anfang zwanzig, einige sogar Teenager. Manche hielten sich drei Wochen, einen Monat oder drei Monate. Sechs von ihnen wurden entthront, eine Anzahl ermordet.

Benedikt IX. (1032-1044) setzte den Schlusspunkt hinter ein Jahrhundert, in dem vier Kinder bzw. Jugendliche das Amt eines Heiligen Vaters bekleideten.

Die innere Harmonie der Kirche zerbricht

Die innere Harmonie der Kirche zerbricht an der Überheblichkeit und Arroganz einiger Päpste. Zur traurigen Berühmtheit wurde Leo III. Es dürfte wohl einmalig in der Geschichte der katholischen Kirche sein, dass sich ein Papst Kraft seines Amtes von Sünden freispricht.

In der Kunst der Umverteilung kirchlichen Vermögens (Vetternwirtschaft) und Entwürdigung kirchlicher Reputation stand dieser Mann ganz oben an der Spitze, was zwangsweise zu Machtkämpfen innerhalb der Kirche führen musste.

Ein Chronist beschreibt Leo als „schwachen und farblosen Papst, als ein Paradigma an Schlauheit und Hinterhältigkeit. Aus nichtadeligen einfachen Verhältnissen stammend, diente er sich bis zum Erzbischof hoch. Er musste über beträchtliche Mittel verfügt haben, um an die Spitze der römischen Adelskirche zu gelangen."

Im Winter 798/99 stellten sich die Bürger von Rom, angestachelt vom römischen Adel, gegen den Stellvertreter Christi. Nach kurzem Kampf wurde Leo ergriffen und kam in Klosterhaft. Geblendet und seiner Zunge beraubt, würde er keine Gelegenheit haben sein Amt weiterzuführen. Mit Hilfe einiger Freunde (Nutznießer) gelang ihm die Flucht nach Norden. Sein Weg führte ihn über die Berge zum fränkischen König, um hier Schutz und Hilfe zu erbitten. Den gleichen Weg hatte zuvor die römische Adelspartei gewählt, die ihrerseits gegen den Papst Beschwerde wegen Buhlerei und Meineid führte.

Für Karl, von Gottes Gnaden König und Verteidiger der heiligen Kirche Gottes, gab es zwei Möglichkeiten: Er konnte den Sturz des Papstes hinnehmen, ihm Asyl gewähren und die Wahl eines anderen Papstes befürworten, dessen Lebenswandel und Amtsführung keinen Anlass zur Klage gäbe. Wahrscheinlich aber war schon in Paderborn beschlossen worden, die Anschuldigungen gegen den Papst in Rom zu untersuchen. Ein Konzil, das sich hier mit der Angelegenheit befasste, kam zu der Erkenntnis, dass ein päpstliches Verbrechen nicht justiziabel und deshalb keiner richterlichen Entscheidung zu unterwerfen sei.

Diese Auffassung gründet sich auf ein Urteil, das eine Synode italienischer Bischöfe auf Veranlassung Theoderichs d.Gr. (475-526) seinerzeit über den Papst Symmachus (498-514) gefällt hatte. Auch dieser war von einer Gegenpartei angeklagt worden, er habe sich in seinem Lebenswandel und in seiner Amtsführung schwerer Verfehlungen schuldig gemacht. Der Konzilspruch endete in der Erkenntnis, das Urteil über den Papst sei Gott anheimzustellen, Symmachus habe als frei von Schuld zu gelten und sei in allen Würden und Rechten anzuerkennen. [58]

Der Urteilsspruch des Jahres 501 war Grundlage für das Erkenntnis des Jahres 799 in Rom. Demzufolge lautete auch hier das Urteil: Ein Papst kann nicht schuldig gesprochen werden.

Wenn nicht der Papst, dann musste die Klägerpartei schuldig sein. Einen Papst schuldlos angeklagt zu haben, war ein Majestätsverbrechen. Majestätsverbrechen wurde mit der Todesstrafe geahndet. Karl d. Gr., Vorsitzender und oberster Richter des Konzils, sprach pflichtgemäß den Urteilsspruch. Die Ankläger des Papstes wurden zum Tod verurteilt. Nachdem die Richter aber von der Schuld der Angeklagten nicht restlos überzeugt waren, wurde, auch auf Fürbitte des Papstes, das Urteil auf lebenslange Haft umgewandelt. Nach dem Ableben von Papst Leo III. im Jahre 816 wurden die Unschuldigen nach sechzehn Jahren Haft sofort freigelassen und durften in ihre Heimat zurückkehren.

Am 23. Dezember des Jahres 800 betrat Papst Leo III. als freier Mann den Ambo von St. Peter. Das Evangeliumsbuch in den Händen, leistete er vor den versammelten Bischöfen einen Reinigungseid, indem er sich von allen gegen ihn vorgebrachten Verbrechen und Vorwürfen freisprach.

„Weithin, teuerste Brüder", begann Leo pathetisch mit lauter Stimme, „weithin wurde es gehört und verbreitet, wie schlecht Menschen gegen mich aufgestanden sind und mich verstümmeln wollten und mich schwerer Verbrechen beschuldigten. Um diese Anklage zu untersuchen, ist dieser gnädigste und erhabenste Herr König Karl mit seinen Priestern und Großen in die

Stadt gekommen. Deshalb „reinige" ich, Leo, der Papst der heiligen Römischen Kirche, von niemandem verurteilt noch gezwun-
gen, mich aus eigenem freiwilligen Willen hier in eurer Gegen-
wart vor Gott, der mein Gewissen kennt, und seinen Engeln und
dem heiligen Apostelfürsten Petrus, in dessen Kirche wir sind,
dass ich jene verbrecherischen und verruchten Dinge, welche
man mir vorwirft, weder getan, noch zu tun befohlen habe. Gott
ist mein Zeuge, vor dessen Gericht wir kommen werden, vor
dessen Angesicht wir stehen. Und dies tue ich zur Behebung des
Verdachts freiwillig, nicht als ob es in den kirchlichen Satzungen
vorgeschrieben sei oder ich meinen Nachfolgern oder Brüdern
dies als Gewohnheit oder Pflicht auferlegen wollte."[58a]

Nach dieser Vorstellung, die an Überheblichkeit alles Da-
gewesene übertraf, kam es zwei Tage später zu Papst Leos größ-
ter Leistung. Am Weihnachtsmorgen, dem 25. Dezember des
Jahres 800, überrumpelte er König Karl mit der Kaiserkrone. Es
geschah unter der Akklamation der Römer, welche riefen: „Karl,
dem Augustus, dem von Gott gekrönten großen und friedlieben-
den Kaiser der Römer, Leben und Sieg."

Fränkische Geschichtsschreiber betonen später: „Karl habe
in Rom nur das Nomen imperatoris erhalten. Die kaiserliche
Macht hatte er sich aus eigener Kraft errungen." Einhard schreibt

in seiner *Vita Karoli Magni*: „Er, Karl, würde die Kirche selbst an jenem hohen Feiertag nicht betreten haben, wenn er die Absicht des Papstes erkannt hätte."

Mit Papst Leos Schachzug bekam die Katholische Kirche eine neue Dimension. Gemäß einiger Historiker ist das der Anfang oder Beginn des Heiligen Römischen Reiches. Mehr als hundert Jahre später, am 2. Februar 962, wurde König Otto I. vom Papst Johannes XII. zum Kaiser des Heiligen Römischen Reiches gekrönt. (Vom 'Heiligen Römischem Reich deutscher Nation' spricht man deswegen, weil sich die Hauptstadt in Deutschland befand und seine Kaiser sowie die meisten Untertanen Deutsche waren.)

Der Kampf innerhalb der Kirche verschärft sich

Zwischen 1378 und 1417 zerbrach die Einheit der Kirche an der Auseinandersetzung rivalisierender Päpste.

Den Päpsten in

Rom standen Urban VI., Bonifatius IX., Innozenz VII. und Grogor XII., in

Avignon - Clemens VII. und Benedikt XII oder in

Pisa - Alexander V. und Johannes XXIII. gegenüber, die allesamt Anspruch auf Rechtmäßigkeit stellten, sich gegenseitig absetzten und exkommunizierten. [59]

Diese Konkurrenz auf Petris Stuhl wurde nach der Pest, die viele Todesopfer gefordert hatte, als eine weitere der Christenheit auferlegte Prüfung empfunden. Das Konzil von Konstanz (1414-1418) beendete diese Kirchenspaltung."

Partolomeo Prignano, der den Namen Papst Urban VI. (s. S. 56) annahm, wurde 1378 in Rom von dreizehn der sechzehn anwesenden Kardinälen zum Papst gewählt. Als er davon hörte, nahm er den Namen Urban VI. an. Prignano (vormals Erzbischof von Bari) war fünfzehn Jahre lang ein gehorsamer Kurienbeamter. Die adeligen französischen Kardinäle, die seine Wahl durchgesetzt hatten, hielten für ausgemacht, dass er weiterhin das tun würde, was man ihm sagte, und dass er mit dem Hof zurück nach Avignon ziehen würde. Weil Urban aber das französische Übergewicht an der Kurie zu beseitigen suchte, wandten sich die französischen Kardinäle von ihm ab.

Urban VI. erwies sich als ein hinterhältiger und bösartiger Papst. Bekannt sind sein Alkoholmissbrauch und seine Wutausbrüche, die seiner Umgebung schwer zu schaffen machten. Bei seinem Krönungsmahl soll er einem Bericht zufolge achtmal

mehr getrunken haben als jedes andere Mitglied des Kardinals-
kollegiums, was einige Zeitgenossen jedoch für übertrieben hielten. Eine starke Vorliebe zum Alkohol – Urban aß kaum etwas,
kam aber ohne Alkoholika nicht aus – wird indes auch von seinem Arzt bestätigt.

Von niederer Herkunft, geboren und aufgewachsen in den
stinkenden Gassen von Neapel, konnte er die gezierten, blasierten
Kardinäle nicht ausstehen. Er nahm sich kein Blatt vor den Mund
und sprach offen aus, was er sich dachte. So habe er Kardinal
Orsini als sostus (Blödian) bezeichnet. Ein anderes Mal wollte er
bei einem seiner Wutausbrüche den Kardinal von Limoges prü-
geln. Der bei dem Streit anwesende Robert von Genf konnte ihn
nur daran hindern, indem er seinen Arm festhielt und ausrief:
„Heiliger Vater! Was tut ihr?" Als Urban ein anderes Mitglied
des Heiligen Kollegiums wegen Simonie (Einkaufen in ein hohes
Kirchenamt) exkommunizieren wollte und selber Robert von
Genf wieder eingriff, bellte er wie ein Hund: „Ich kann alles,
absolut alles tun, was ich will!" Schließlich kamen mehrere Kardinäle zu der Ansicht: „Seine Wutanfälle seien ein Syndrom von
Wahnsinn! Es sei daher vonnöten, einen kundigen Juristen zu
konsultieren, um sich zu erkundigen, ob es irgend welche Umstände gibt, wo Kardinäle einen Papst wegen Unfähigkeit, sein

Amt weiter zu führen, vertreten könnten." Urban bekam Wind davon und bewies, dass er seine fünf Sinne noch beisammen hatte. Zuerst exkommunizierte er seinen alten Feind, den König von Neapel, der von ihm auch beschuldigt wurde, hinter dieser Rebellion zu stecken. Daraufhin wurde seine Heiligkeit Papst Urban VI. vom König in der Festung Nocera bei Pompeji festgesetzt. Nach dessen Befreiung durch die Genueser, nahm Urban die fünf aufständischen Kardinäle gefangen.

Ein Chronist berichtet: „Nach der Gefangennahme der Kardinäle wurde Urban in Genua gesehen, möglicherweise im Alkoholrausch, wo er im Garten auf und abging und aus dem Brevier rezitierte, so laut er konnte. In einer nahe gelegenen Kammer wurden die Rebellen gefoltert. Ihre Schmerzensschreie störten in keiner Weise seinen Frieden mit Gott. Der alte Kardinal von Venedig wurde zusammengeschnürt und mit einem Flaschenzug herauf und heruntergezogen. Wenn sein Kopf gegen die Decke gepresst wurde, konnte er durch das Fenster den Papst sehen, und jedes Mal krächzte er in seiner Qual: „Heiliger Vater, Christus ist für unsere Sünden gestorben". Dann wurde er auf den Boden heruntergelassen. Keiner der Gefangenen wurde je wiedergesehen."[60]

Einige Kardinäle, die sich durch Flucht vor dem Zugriff Urbans nach Anagni retten konnten, bereiteten eine Deklaration gegen Prognano (Urban VI.) vor. Er sei nicht Papst (so hieß es hier), sie hätten diesen nur aus Angst vor dem Pöbel gewählt. Sie wählten nun einen anderen Oberhirten, Graf von Genf, einen Vertreter des Königs von Frankreich, der sich den Namen Clemens VII. zulegte. Durch diese Wahl erfüllte sich das ursprüngliche Vorhaben der franz. Kardinäle, den päpstl. Hof nach Avignon zu bringen. Da aber der in Rom residierende Urban VI. nicht daran dachte zurückzutreten, wurde die Christenheit nun von zwei Päpsten beglückt! Damit begann das große abendländische Schisma.[61]

Papst Clemens VII., (s. S. 56) der lahme, blinzelnde Clemens VII., hatte schon vorher bewiesen, dass er aus dem Stoff war, aus dem die Päpste sind. Die Einwohner von Cesena an der Adria, wo er 1377 als päpstl. Legat fungierte, beschwerten sich darüber, dass seine Söldner ihre Frauen vergewaltigen. Nach Verhandlungen mit Vertretern der Stadt überredete er sie, ihre Waffen niederzulegen. Dann schickte er eine englisch-bretonisch gemischte Truppe, um alle achttausend Einwohner niederzumetzeln, einschließlich der Kinder."[62]

Von 1409 bis 1417 regierten in Europa zur gleichen Zeit sogar drei Päpste, die Anspruch auf Autorität stellten, die zwei anderen exkommunizierten und damit drohten, an jeweils anderen Orten ein Konzil einzuberufen.

Im Jahr 1409 wurde in der Stadt Pisa von den hier versammelten bischöflichen Konzilvätern feierlich bestimmt, dass die beiden konkurrierenden Päpste Gregor XII. (Rom) und Benedikt XII. (Avignon) Ketzer und Schismatiker seien. Als Ersatz wählten sie Filagri von Mailand, einen siebzigjährigen Franziskaner, der den Namen Alexander V. annahm (s. S. 57). Diese Wahl sollte eine dreißigjährige Kirchenspaltung beenden, nur, dass Gregor XII. und Benedikt XII. damit nicht einverstanden waren.

Papst Alexander V. segnete nach einer Amtszeit von nur zehn Monaten das Zeitliche. Die bischöflichen Konzilväter von Pisa wählten nun Baldasare Cossa zum Papst, der sich Johannes XXIII. nannte (s. S. 57).

Dieser verbindliche, charmante und zugleich skrupellose Johannes sorgte für ein besonders unrühmliches Zeugnis der Papstgeschichte. Einem Gerücht zufolge habe er nie eine Sünde gebeichtet oder das Sakrament empfangen. Auch glaubte er nicht an die Unsterblichkeit der Seele oder an die Auferstehung der

Toten. Er war bekannt als ehemaliger Pirat, Papstvergifter (armer Filagri), Massenmörder, unersättlicher Wüstling mit einer Vorliebe für Nonnen, Ehebrecher in märchenhaftem Ausmaß, Simonist Par Excellenze, Erpresser, Zuhälter und Meister schmutziger Tricks.[63]

Cossa (Johannes XXIII.) muss ein Vermögen bezahlt haben, um in dieses höchste Amt gewählt zu werden. Denn bei seiner Wahl zum Papst in Bologna war er Diakon (ein Weihe-Grad unter dem Priester.) Er wurde zum Priester ordiniert und am nächsten Tag zum Papst gekrönt.

Das Konzil von Konstanz

Sigismund, Markgraf von Brandenburg, seit 1387 König von Ungarn, 1410 zusammen mit seinem Vetter Jobst zum deutschen König gewählt, wurde 1433 in Rom von Papst Eugen IV. zum Kaiser des Heiligen Römischen Reiches gekrönt. Sigismunds größte Leistung war die Wiederherstellung der Einheit der Kirche. Was ihm jedoch nicht gelang, war eine Reformierung hinsichtlich der Machtansprüche besonders aufsässiger Päpste.

1414 überredete Sigismund Papst Johannes XXIII. zu einem Konzil, um – wie er sagte - die Gegenpäpste abzusetzen. Die Stadt, die ausgewählt wurde, war Konstanz in Süddeutschland an der Grenze zur Schweiz. Laut einem zeitgenössischen Bericht sollte damals die Bevölkerung innerhalb von Monaten von sechstausend auf das zehnfache angewachsen sein und sich dann noch einmal verdoppelt haben.

„Wenn sich Kleriker in großer Zahl trafen, war es immer klug, eine Stadt am Wasser – See oder Fluss – zu wählen, in das man die Leichen werfen konnte. Der Bodensee nahm fünfhundert Leichen auf, während das Konzil tagte; auch der Rhein verbarg manches Geheimnis."

Der immense Zuwachs an Bevölkerung erklärt sich aus der großen Anzahl an Klerikern. Das Konzil umfasste dreihundert Bischöfe, dreihundert Spitzentheologen und die Kardinäle aus allen drei Obödienzen. Dazu kam die riesige Zahl an Prostituierten, die fanden, dass der Klerus ihre Dienste dringender brauchte und höher bezahlte als das Militär. Auf dem Höhepunkt des Konzils schätzte man, dass in Konstanz über zwölfhundert Dirnen Arbeit fanden.

Zu Allerheiligen 1414 feierte Johannes XXIII. (noch) die Heilige Messe. Anschließend, nachdem das Konzil eröffnet war, blieb es Johannes vorbehalten, seine persönlichen Gegner verhaften zu lassen. Das betraf zuallererst die beiden Päpste Benedikt XII. und Gregor XII., dann den abtrünnigen Jan Hus, obwohl diesem von Sigismund freies Geleit zugesichert worden war.

Jan Hus, Rektor der Prager Universität, stand unter dem Einfluss der Lehre Wyclifs. Wylclif (1330? - 1384), oft als „Morgenstern der Reformation" bezeichnet, war katholischer Priester und Professor der Theologie in Oxford (England.) Er schrieb und predigte gegen die Sittenfäulnis in den Mönchsorden, gegen die päpstlichen Steuern, gegen die Beichte und gegen die Einmischung der Kirche in weltliche Angelegenheiten. Auch sprach er besonders scharf gegen die Nachlässigkeit der Kirche, das Volk in der Bibel zu unterweisen. Einmal sagte er: „Wollte Gott, dass jede Pfarrkirche des Landes eine gute Bibel hätte und gute Auslegung des Evangeliums, und dass die Priester sie sorgfältig lesen und das Volk wirklich das Evangelium und die Gebote Gottes lehren würden."

Wegen dieses Mangels am priesterlichen Dienst begann Wyclif die in lateinisch geschriebene Vulgata-Bibel ins englische, die Sprache des einfachen Volkes, zu übersetzen, um sie jedermann zugänglich zu machen. Ein Unterfangen, das ihm die Verurteilung der Kirche eintrug.

Auch Jan Hus, der Prager Theologe, predigte gegen die Ver-
derbtheit der katholischen Kirche und bekannte sich kompromiss-
los zur Bibel. So schrieb er: „Sich gegen einen irrenden Papst
aufzulehnen, heißt Christus gehorchen!" Auch lehrte er, „dass die
wahre Kirche nicht der Papst und die Hierarchie sei, sondern
'alle' Erwählten die Christus aus großer Liebe mit seinem eigenen Blut erlöst hat."

Wegen diesen und ähnlichen Sprüchen wurde Jan Hus
1410 vom Papst Johannes XXIII mit dem Bann belegt.[64]

Das Konzil gegen Papst Johannes XXIII.

Johannes' Gang über die Alpen, vom sicheren Rom nach Konstanz in kaiserliches Territorium, war eine folgenschwere Fehl-
einschätzung seiner Situation. Die Annahme, die meisten Stimmen auf seiner Seite zu haben, machte ihn zuversichtlich. Die
italienischen Bischöfe waren an Zahl jener aus den drei Ländern
Deutschland, Frankreich und England überlegen. Was ihm dann
zum Verhängnis wurde, war der Beschluss des Konzils, nicht
einzeln nach Obedienz (Anhängerschaft) abzustimmen. Seine

Mehrheit war sofort verloren gegangen; das Ergebnis lautete drei zu eins gegen ihn.

Am nächsten Morgen erschien Sigismund und forderte ihn auf zurückzutreten. Johannes dachte nicht daran. Noch gab er sich nicht geschlagen, auch dann nicht, als ihn die Anklageschrift in vierundfünfzig (54) Fällen des Verbrechens bezichtigte – und immer öfter die Forderung, besonders der Engländer, laut wurde, – man solle ihn verbrennen! „Erst einmal in Rom in Sicherheit, würde ihm kein Konzil gefährlich werden", möge er gedacht haben. Als Diener verkleidet, floh er noch diese Nacht im Schutze der Dunkelheit mit einigen Getreuen nach der dreißig Meilen entfernten Stadt Schaffhausen. Sein Vorhaben wurde jedoch vereitelt. Kaiserliche Wachen brachten den Oberhirten zurück, um sich vor dem Konzil für seine Verbrechen zu verantworten.

Das Konzil gewinnt an Autorität

Die Konzilväter verabschiedeten in der vierten und fünften Sitzung einstimmig ein Glaubensbekenntnis, das die Römische Kirche seither nicht mehr losgeworden ist. Sein Inhalt lautet: „Das heilige Konzil von Konstanz (...) erklärt als erstes, dass es rechtmäßig im Heiligen Geist versammelt ist, dass es ein allgemeines Konzil ist, das die Kirche repräsentiert, und dass es deshalb seine Autorität unmittelbar von Christus hat; und dass alle Menschen jeglichen Ranges und Standes, auch der Papst selbst, gebunden sind, ihm in Glaubensdingen, der Beendigung des Schismas und der Reformierung der Kirche Gottes an Haupt und Gliedern zu gehorchen."

Die Folgen waren weitreichend. Ist der Papst an den Beschluss des Konzils gebunden, so sind ihm die Bischöfe bei theologischen sowie auch kirchlichen Rechtsfragen nicht unbedingt unterstellt. Der Papst kann nicht unwiderrufliche Entscheidungen treffen, gestützt auf sein Amt.

Das Konzil von Konstanz hatte seine Autorität benutzt, um Johannes XXIII. abzusetzen. Die Konzilväter räumten ein, er sei zwar der rechtmäßig gewählte Papst, die Kirche sei jedoch wichtiger als das Papsttum. Die Anklageschrift wurde von vierundfünfzig (54) auf fünf (5) Anklagepunkte reduziert. Dazu bemerkt Gibbon in *Decline and Fall*: „Die skandalösen Anklagepunkte wurden fallen gelassen; der Stellvertreter Christi wurde nur der Piraterie, des Mordes, der Vergewaltigung, Simonie und Blutschande angeklagt."

Bedeutsam ist, dass Johannes XXIII. von der Anklage der Häresie (Ketzerei) befreit wurde, der Grund: Er zeigte nicht genug Interesse an der Religion.

Am 29. Mai 1415 wurden die Amtssiegel Johannes XXIII. feierlich mit einem Hammer zerschlagen. Trotz der Anhäufung von Verbrechen wurde dieser Mann Gottes zu nur drei (3) Jahren Freiheitsstrafe verurteilt. Als Cossa (ehemals Johannes XXIII.) aus seinem bequemen Gefängnis in Heidelberg entlassen wurde, wurde er von dem amtierenden Papst Martin V. als Bischof von Frascati und Kardinal von Tuskulum in Amt und Würde eingesetzt.[65]

Jan Hus erging es anders. Dieser Theologe aus Prag, ein unbeugsamer Gegner von Simonie und klerikalem Konkubinat, hatte ein härteres Schicksal. „Er bekam keinen Anwalt, wurde wegen falscher Anklage vor Gericht gebracht, von Dominikanern verhört, die seine Bücher nicht einmal in der Übersetzung gelesen hatten, und zum Tod verurteilt, ohne ihm die Gnade zu gewähren, am Scheiterhaufen vor dem Flammentod, erdrosselt zu werden.

„An einem strahlenden Sonntag 1415 wurde er aus dem Gefängnis geführt, auf dem Kopf einen hohen Hut mit drei tanzenden Teufeln darauf und flankiert von den Kriegern des Pfalzgrafen. Praktisch die ganze Stadt folgte, als die Prozession ihren

Weg zu einer leuchtenden grünen Wiese nahm, vorbei an dem Friedhof, auf dem Hus' Bücher verbrannt wurden. Er betete für seine Verfolger, während das Feuer entfacht wurde. Dreimal hörte man ihn sagen: „Christus, du Sohn des lebendigen Gottes, erbarme dich meiner", bevor der Wind ihm die Flammen ins Gesicht blies. Seine Lippen bewegten sich noch im Gebet, als er ohne einen Seufzer starb. Um zu verhindern, als Märtyrer verehrt zu werden, wurde seine Asche auf dem Rhein verstreut."[66] Dasselbe Konzil befahl auch, Wyclifs Gebeine auszugraben und zu verbrennen, obschon dieser über dreißig Jahre tot und begraben war. Wyclifs Asche wurde auf der Themse (England) verstreut. Das Schandurteil an diesen gottesfürchtigen Männern war somit vollzogen. Es macht eben einen Unterschied, ob ein Papst der Piraterie, des Mordes, der Vergewaltigung, Simonie und Blutschande angeklagt ist oder irgend jemand, der es wagt, wenn auch berechtigt, gegen die Autorität dieser hohen Kirchenlenker vorzugehen. Papst Johannes XXIII., der Heilige Vater und Stellvertreter Jesus Christus, wird nach vollzogener Haftstrafe wieder in Amt und Würde eingesetzt. Jan Hus und Wyclif zahlen ihr mutiges Eintreten für die biblische Wahrheit mit dem Leben.

Kaiser, Kirchenfürsten und Spitzentheologen waren zusammengekommen, um die Kirche zu reformieren; aber nicht wie man
annimmt, um biblische Glaubensfragen und Grundsätze zu bewahren. Diese hohen Herren waren zusammengekommen, um
ihren Einfluss und ihre Macht zu demonstrieren. Dass alle Menschen jeglichen Ranges und Standes, auch der Papst selbst, gebunden sind in Glaubensdingen, wie das vom Heiligen Konzil
von Konstanz beschlossen wurde, von dem blieb nichts übrig.

Die abschließende Deklaration
der Konzilväter

Die Deklaration hat folgenden Wortlaut: „Von nun an sollen alle
kirchlichen Ernennungen in Übereinstimmung mit dem Kanones
der Kirche geschehen; Alle Simonie (Kauf- oder Verkauf von
kirchlichen Ämtern) soll aufhören. Von nun an sollen alle Priester, ob höchsten oder niedrigsten Ranges, ihre Konkubinen fort-
schaffen, und jeder, der die Forderung dieses Beschlusses innerhalb von zwei Monaten missachtet, soll sein Amt verlieren, selbst
wenn er der Bischof von Rom (Papst) wäre. Von nun an soll die
kirchliche Verwaltung jedes Landes nicht länger von päpstlichen

Launen abhängen. (...) Der Missbrauch des Banns und des Anthemas (Verfluchung) durch die Päpste soll aufhören. (...) Von nun an soll die römische Kurie keine Gebühren für kirchliche Ämter fordern und annehmen. Von nun an sollte ein Papst nicht an die Schätze dieser Welt denken, sondern nur an die der künftigen."[67]

Das sind fromme Wünsche, an die sich kein Papst, damals wie auch später, gebunden fühlte, und das sollte sich sehr bald zeigen.

1432 trat in Basel ein Konzil zusammen, trotz kurialem (päpstlichen) Bemühen, es zu verhindern. Der zurzeit herrschende Papst Eugen IV. berief sein eigenes in Florenz ein. Basel nannte er ein „Bettelpack, vulgäre Kerle von niedrigstem Bodensatz des Klerus, Abtrünnige, lästernde Rebellen, Gotteslästerer, Galgenvögel, die ohne Ausnahme nur verdienen, zum Teufel zurückgescheucht zu werden, von dem sie gekommen sind."[68] Dieser Ausbruch an Niedertracht und Bosheit verrät das wahre Interesse seiner Heiligkeit. Macht, Einfluss und Profit war die oberste Zielsetzung. Und Eugen IV. war kein Einzelfall. Er war ein später Nachahmer einfallsreicher Päpste.

Dreht man das Rad der Geschichte zurück, so stößt man auf Papst Johannes XII. (995-964). Dem heiligen Mann wird nachgesagt, dass er Bischöfe für Geld geweiht hatte. Unter seiner zynischen Tyrannei wird der Lateran (ehem. Palast des Papstes) zum Bordell. Das Ausmaß seiner Laster ist grenzenlos. In einem Pferdestall lässt er einen Diakon zum Priester weihen. Später plündert er den Kirchenschatz.

Kaiser Otto I. hält in der Peterskirche eine Synode. Bei dieser Gelegenheit wird Johannes XII. abgesetzt. Die Anklageschrift lautet: „Wisset denn, nicht wenige, sondern alle, Weltliche und Geistliche, haben euch des Mordes, des Meineids, der Tempelschändung, der Blutschande mit Eurer Verwandten und mit zwei Schwestern angeklagt. Sie erklären noch anderes, wovon sich das Ohr sträubt, dass ihr dem Teufel zugetrunken und beim Würfeln Zeus, Venus und andere Dämonen angerufen habt."Kaum hatte der Kaiser Rom verlassen, nimmt der Gekränkte grauenhafte Rache an seinen Gegnern. Er leistet sich einen weiteren Ehebruch und wird daraufhin von dem gehörnten Ehemann so zugerichtet, dass er innerhalb einer Woche, am 14.5.964, stirbt."[69]

Ein würdiger Nachahmer seiner Heiligkeit Johannes XII. war auch Papst Bonifatius VII. (974,984-985.) Dieser vertrat den Standpunkt, dass Hurerei, Ehebruch und Unzucht keine Sünden sind, weil Gott die Weiber und Männer dazu gemacht hat. Er lebte mit einer verheirateten Frau und deren Tochter zusammen, (...) missbrauchte seine Pagen zur unnatürlichen Wollust, (...) erfand das Jubeljahr und setzte auf die Tiara eine zweite Krone. Der ungebildete Neapolitaner beschäftigt sich überwiegend mit der eigenen und der Bereicherung seiner Verwandten. Er versteht nahezu jede erdenkliche Geldquelle auszuschöpfen, vor allem den bis zur Schamlosigkeit perfekten Ablasshandel. Auf dem Konzil von Raims 991 wird über ihn gesagt, er sei ein schreckliches Vieh gewesen und habe alle Sterblichen an Nichtswürdigkeit übertroffen.[70]

Der Handel mit dem Ablassbrief

Der Handel mit dem Ablassbrief war Jahrhunderte lang ein gutes Geschäft der Päpste und Landesfürsten.

„Die Wittenberger Schloss- und Stiftskirche enthielt einen vom Kurfürsten gesammelten, auch für die damalige Zeit außerordentlich großen Reliquienschatz, dessen Besuch allein schon reiche Ablassgnaden verbürgte. Außerdem war in der Schlosskirche am Allerheiligenfest vollkommener Ablass zu haben, wodurch Wittenberg zu einem in ganz Norddeutschland einzig dastehenden Gnaden- und Wallfahrtsort wurde. Für den Kurfürsten bedeutete die starke Inanspruchnahme der Ablassgnaden seiner Stiftskirche eine stattliche Einnahmequelle."[71]

Im Jahre 1517 verkaufte Tetzel, ein Dominikanermönch, in der Nähe von Wittenberg Ablassbriefe. Die Einnahmen dienten zum Teil der Finanzierung des Neubaues der Peterskirche in Rom und zum Teil erhielt es Albrecht von Brandenburg, damit er das geborgte Geld, das er für das Amt des Erzbischofs von Mainz der Kurie (päpstlicher Hof) hatte bezahlen müssen, zurückgeben konnte. Tetzel bot seine ganze Redegewandtheit auf, und das Volk strömte herbei und kaufte.

Empört über diesen Ablasshandel, schlug Martin Luther am 31. Oktober 1517 seine 95 berühmten Thesen – die er zur Erörterung stellte – an die Tür der Schlosskirche in Wittenberg.

In einem Brief an Erzbischof Albrecht von Mainz schrieb er über Tetzel: „Indes wird mir berichtet, Tetzel habe gräuliche, schreckliche Artikel gepredigt, von denen ich diesmal einige nennen will: Er hätte soviel Gnade und Gewalt vom Papst (der

Ablassbrief), dass er es vergeben könnte, wenn einer gleich die Heilige Jungfrau Maria, Gottes Mutter, geschwächt oder geschwängert hätte, wenn derselbe nur in den Kasten lege, was sich gebührt. - Ferner: Wenn St. Peter jetzt hier wäre, hätte er keine größere Gnade oder Gewalt, als der Ablassbrief habe. - Ferner: Wenn einer Geld für eine Seele im Fegefeuer in den Kasten lege, so führe die Seele aus dem Fegefeuer in den Himmel, sobald der Pfennig auf den Boden fiele und klänge. - Ferner: Es sei nicht nötig, Reue, Leid oder Buße für die Sünden zu tun, wenn einer den Ablass oder die Ablassbriefe kaufe (eigentlich sollte ich sagen: gewöhne.) Tetzel verkaufte auch Ablassbriefe für künftige Sünden. Derlei Dinge trieb er viel; es war ihm dabei nur ums Geld zu tun. Ich wusste aber zu jener Zeit noch nicht, für wen dieses Geld bestimmt war. Da kam ein Büchlein heraus, gar herrlich unter dem Wappen des Bischofs von Magdeburg, in dem einige dieser Artikel den Ablasskrämer zu predigen aufgetragen wurden. Da kam es an den Tag, dass Bischof Albrecht Tetzel gedungen hatte, weil er ein so großer Schreier war."[72]

Die Frage, ob diese Kirche mit einem Heiligen Vater an der Spitze, im Gefolge von Eminenzen (Kardinälen), Landesfürsten, Prälaten bis hinunter zum Hochwürden, stellvertretend für Christus,

Menschen zu Gott führt, sollte jedermann selbst - nach erworbener Kenntnis der Geschichte vom einfachen apostolischen Urchristentum und seinem selbstlosen Herrn Jesus Christus – für sich herausfinden.

War Petrus der erste Papst?

Das Verzeichnis der Päpste

Die Liste der Päpste nach der offiziellen Aufstellung des Annuario Pontificio. Die Fragezeichen nach den Regierungsjahren der ersten Päpste zeigen an, dass die Regierungszeit nicht eindeutig feststeht.[73]

Der 1. Papst Petrus, Hl. ....bis 67?

" 2. " Linus, Hl. ....67 - 76?

" 3. " Anaklet, Hl. ....76 - 88?

" 4. " Clemens, Hl. ....88 - 97?

" 5. " Evaristus, Hl. ....97-105?

" 12. " Eleutherius, Hl. ......175-189?

" 33. " Silvester I., Hl. 314-335

" 37. " Damasus I., Hl. 366-384

" 92. " Stephan II. (III.) 752-757

Damasus I. (366-384) scheint auf der Papstliste (s. S. 77) an 37. Stelle auf. Dem Betrachter wird auffallen, dass es sich hier um selben Damasus handelt, der über eine Brücke von 137 Toten Sieger gegen seinen Widerpart Ursinus wurde. Um diesen Makel auszugleichen, betonte Damasus seine geistige Autorität als 'Nachfolger Petri' – ein Anspruch, der von den Kirchenvätern bis dahin nicht erhoben worden war. „Erst 382 mit Damasus", schreibt Henry Chadwick, "bekam dieser petrinische Text 'du bist Petrus' eine Bedeutung als theologische Begründung für Primatansprüche." [74]

Gemäß dieser Erklärung, wäre Damasus der „erste" und nicht der „siebenunddreißigste" Nachfolger auf Petris Stuhl, wie das auf der Papstliste angegeben ist. Das bringt den Gedanken nahe, dass die Papstliste erst Jahrhunderte später (wahrscheinlich Anfang des Mittelalters) zusammengeschrieben worden war. Die Reihung der Päpste ist willkürlich erstellt und nicht nachweisbar angeordnet. Deshalb auch die Fragezeichen hinter den Jahres-zahlen - bis auf Silvester, dem nachweisbar ersten Bischof von Rom.

Wenn also Damasus nicht der „erste" Nachfolger Petrus war, wer dann? Nach Irenäus (Bischof von Lyon 178-200), der die Päpste bis Eleuterius (175-189) aufzählte, war der erste Papst nicht Petrus, sondern Linus. Das ist deshalb nahe liegend, weil der petrinische Gedanke erst zweihundert Jahre später (382) im Zusammenhang mit Damus' Kampf um die Vorherrschaft in der Kirche aufkam. Sollte aber dieser Linus tatsächlich der erste Papst gewesen sein, dann bleibt die Frage zu beantworten, warum dieser unbekannte Nachfolger Christi – und nicht der Apostel Johannes als Nachfolger Petrus – in Frage kam?

Linus wird in der Bibel von Paulus nur einmal erwähnt und das im Zusammenhang mit einer Grußbotschaft (2. Tim 4:21.) Johannes, der mit Jesus von Anbeginn zusammen war und zudem vom Heiligen Geist bemächtigt wurde, das 'Johannesevangelium', die drei 'Johannesbriefe' und die 'Offenbarung' zu schreiben, sollte nicht das Vorrecht gehabt haben, als Papst und Stellvertreter Christi auf Petrus´ Stuhl zu sitzen? - Zudem sei noch anzumerken, dass die Nachfolge Petrus, nach dessen Ableben um 67 u. Z., aktuell wurde – Johannes aber erst um 100 in Ephesus verstarb (heutige Türkei.) Warum Linus und nicht Johannes als Nachfolger Petri in Frage kam, kann wahrscheinlich so erklärt werden, dass Johannes nicht in Rom, sondern in Ephesus lebte und dort als Apostel (bis zu seinem Tod 100 u. Z.) diente.

Die Nachfolge Petri, wie das durch die Papstliste dargestellt wird, ist ein hilfloser Versuch, um den Anspruch auf das Amt Petri rechtfertigen zu können.

Petrus hatte keinen Primat (Vorrangstellung), weder zurzeit Christus und auch nicht nachher. Eine Anzahl historischer und biblischer Berichte bestätigen das. Zudem müsste Petrus, wie Johannes, in Rom gelebt und hier als Apostel gedient haben. Rom war das Zentrum des Römischen Reiches und der Geburtsort der katholischen Staatsreligion. Geburtshelfer war der römische Kaiser Theodosius d. Gr. (379-95.) Es war dessen Verdienst, der Lehre Christi den Stempel einer römisch katholischen Kirche aufzudrücken. Diese Christenlehre, deren Wurzeln in einem Hebräischen Weltbild des Judaismus zu finden sind, war in Rom zu einer lateinischen Kirche geworden, die nun gemäß dem „Codex Juris Canonici" folgend, dem Papst als Patriarch des Abendlandes zu unterstehen hat.

Es ist eine Ironie der Geschichte, dass ausgerechnet der orthodoxe Katholizismus zum größten Judenverfolger wurde - eine "Nächstenliebe" predigende Kirche, deren Oberhaupt Jesus Christus und seine Apostel geborene Juden waren!

Petrus war nie in Rom

„Späte Nachforschungen im zwanzigsten Jahrhundert konnten keinen stichhaltigen Beweis erbringen, dass Petrus in Rom lebte und hier verstorben wäre. Zwar wurde nach liturgie- und kirchengeschichtlicher Analyse in der Mitte oder zweiten Hälfte des 2. Jh. der sog. Campus P. unter dem Hochaltar Berninis, ein offizieller Gräberplatz inmitten heidnischer Mausoleen, von den Christen verehrt und in den zwanziger Jahren des 4. Jh. sogar als „Grab Petri" angesehen. Deshalb ließ Kaiser Konstantin d. Gr. († 337) trotz ungünstiger Bodenverhältnisse dort eine Memorialbasilika (Alt-St. Peter) erbauen.

Die auf Anordnung Papst Pius XII. (1940-49 und 1953-57) unter der Leitung des Jesuiten E. Kirschbaum durchgeführten Grabungen unter den vatikanischen Grotten bestätigen zwar, dass das sogenannte Campus P. im 4. Jh. als „Grab Petri" angesehen und von den Christen verehrt wurde, doch lassen sich das Grab Petri selbst wie auch seine sterblichen Überreste archäologisch gesichert nicht nachweisen."[75]

Einem Bericht zufolge aus dem späten 4. Jh. sollte Petrus 25 Jahre lang in Rom gelebt und dort als Apostel gedient haben. Dagegen spricht aber einiges. Petrus war 49 u. Z. beim ersten apostolischen Konzil in Jerusalem anwesend (Apg. 15.) Würde eine fünfundzwanzigjährige Anwesenheit Petrus in Rom seine Richtigkeit haben, dann müsste Petrus 74 noch in Rom als Apostel gedient haben. Wie jedoch aus der Papstliste (s. S. 77) zu erkennen ist, starb Petrus 67 u. Z.

Die Paulus Briefe -
ein Indiz gegen die 'Petrus in Rom'-These

Ein weiteres Indiz sind die Paulusbriefe. Sie liefern einen nicht unübersehbaren Beweis gegen die 'Petrus in Rom'-These. Als nämlich Paulus 56 von Korinth aus seinem Brief an die Römer schrieb, sandte er an die dort lebenden Christen Grüße. Namentlich erwähnte er 26 Personen (Röm. 16:3-15.) Auszugsweise heißt es hier: „Grüßt Andronikus und Junias (...), die unter den Aposteln angesehene Männer sind." (Röm. 16:7) Wäre Petrus 56 in Rom gewesen so hätte ihn Paulus in seiner Grußbotschaft wohl kaum übergangen. Auch in den Briefen, die Paulus zwischen 60-65 von Rom aus an sechs Christengemeinden geschrieben hatte, fehlt Petrus unter jenen Personen, die Grüße an die Gemeinden ausgerichtet hatten.

Die Petrus Briefe - ein zusätzlicher Beweis

Die Briefe Petrus können als weiteres Beweismittel gegen die 'Petrus in Rom'-These angesehen werden. Petrus schrieb seine beiden Briefe 'angeblich' in Rom. Auch die Tatsache, dass Petrus Grüße aus 'Babylon' ausrichtet (1. Petrus 5:13), ändert nichts an dieser Behauptung. Die meisten Kirchenlehrer vertreten nämlich den Standpunkt, 'Babylon' sei ein anderer Name für Rom gewesen, den Petrus nur benutzt hatte, um sich nicht zu verraten. Auch diese Behauptung ist haltlos, denn zwischen 62-64, wo Petrus die Briefe in Rom geschrieben haben sollte, gab es hier 'keine' Christenverfolgung. Eine Verfolgung der Christen setzte erst nach dem Brand Roms unter Nero im Jahr 65 ein. Warum also hätte Petrus für seine Briefe einen Decknamen als Absender angeben sollen? Zur Erinnerung sei noch einmal erwähnt, dass Paulus aus Rom zwischen 60 und 65 sechs Briefe an christliche Gemeinden geschrieben hat, ohne den Decknamen Babylon als Absender anzugeben.

Wie aus dem Brief des Paulus an die Galater hervorgeht, wurde Petrus mit der guten Botschaft für die Beschnittenen, Paulus aber für die Unbeschnittenen betraut (Gal. 2:7-9; 1. Tim 2:7).

Historische Berichte stimmen damit überein. So schreibt Eusebius (Bischof von Cesarea um 300): „Petrus soll den 'Juden' in ganz Pontius, Galatien, Bithinien und Kappadozien gepredigt haben."

Da Petrus mit dem Apostelsamt für die Beschnittenen betraut wurde, war auch zu erwarten, dass er in Babylon tätig war. Und das um so mehr, da diese Stadt am Euphrat Zentrum des Judentums war. *Die Encyclopedia Judaica* (Jerusalem 1971, Bd. 15, Spalte 755) verweist in Verbindung mit der Entstehung des babylonischen Talmud auf die 'großen Akademien Babylons', die der Judaismus dort unterhielt. Petrus predigte hier der zahlreichen jüdischen Bevölkerung das Evangelium nach Christus.

Wenn man Für und Wider abwägt, ob Petrus in Rom lebte und hier verstarb, so muss man zwangsweise zu folgendem Resultat kommen: Die Papstliste wurde Jahrhunderte im Nachhinein erstellt. Die Briefe des Paulus und die zwei Petrusbriefe, sowie der Versuch (zuletzt im 20. Jh.) die Grabstätte Petrus wie auch seine sterblichen Überreste unter dem Petersdom nachzuweisen, sprechen dagegen, dass Petrus in Rom lebte und hier als Apostel tätig war.

Petrus war nicht der erste Papst

Um Anspruch auf das petrinische Amt rechtfertigen zu können, verweisen die Kirchenlehrer auf den Bibeltext: „Du bist Petrus, auf diesen Felsen will ich meine Kirche bauen. ... Ich will dir die Schlüssel des Himmelreiches geben, und was du auf Erden bindest, das wird im Himmel gebunden sein, und was du auf Erden lösest, das wird im Himmel gelöst sein." (Matth. 16:18,19)

Dieser Text wird im Zusammenhang mit Petrus´ Vorrangstellung falsch interpretiert. In Wahrheit hatte Petrus nie einen Primat, wie schon erwähnt, weder zur Zeit Jesus´ und auch nicht nachher. Auch die großen Kirchenväter der ersten Jahrhunderte, wie Cyprian, Origenes, Kyrill, Hilarius, Hieronymus, Ambrosius und Augustinus (alle 2.-4. Jh.) sahen keinen Zusammenhang mit diesem Text und einer Vorrangstellung des Petrus. Nicht einer von ihnen nennt den Bischof von Rom einen Felsen oder bezieht die Aussage „Ich will dir die Schlüssel des Himmelreiches geben", spezifisch auf die Vorrangstellung Petri. Ebenso einig waren sich alle Kirchenkonzilien beginnend mit Nizäa im vierten - bis Konstanz im fünfzehnten Jahrhundert, dass Christus das „einzige Fundament" der Kirche ist, d.h. der Fels, auf dem die Kirche steht.[76]

Im Lichte des Kontext und der Sprache, der sich Jesus bediente, sollte der Text lauten: „Du bist Petrus, und auf diesem 'Felsstück' will ich meine Kirche bauen". Professor Wright schreibt in dem Zusammenhang über die Sprache, die Jesus gesprochen hat: „Wir haben keine Möglichkeit, mit Sicherheit festzustellen, ob er griechisch oder lateinisch sprechen konnte, wissen aber, dass er bei seinen Predigten gewöhnlich das Aramäische oder ein stark aramäisiertes Hebräisch benutzt hat."

Über die Bedeutung des Ausdrucks 'Petrus' wird im *Theologischen Begriffslexikon zum Neuen Testament* (1986, Bd. 1, S. 312), sowie in *Vine's Expository Dictionary of and New Testament Words* (1981, Bd. 4, S. 76) gesagt: „Petrus bezeichnet das losgerissene Felsstück - den Stein." Dieses Wort bezieht sich somit auf ein 'Felsstück', einen 'losgelösten Stein oder Felsblock'.

In der Bibel erscheinen für diesen Apostel Jesu Christi fünf verschiedene Namen: der hebräische Name „Simeon", der griechische „Simon", dann „Petrus" (ein gr. Name, den nur er in der Bibel trägt) und der entsprechende semitische Name „Kephas" (der vielleicht mit dem in Hi.30:6 und Jer.4:29 gebrauchten hebr. Wort kephím [Felsen (Plural) verwandt ist] sowie die Kombination „Simon Petrus" (Apg. 15:14; Mat. 10:2; 16:16; Joh. 1:42).

Petrus wendet die Schlüssel der Erkenntnis an

Zu Pfingsten 33 u. Z. sprach Petrus zu einer versammelten Menschenmenge über Jesus Opfertod (Apg. 2:1-41.) Die Schlüssel, die er hier verwendete, haben eine Symbolfunktion. Sie öffneten der hier versammelten Volksmenge den Zugang zu einer genauen 'Erkenntnis' über den Nutzen Jesus' Opfertod. Und diese 'Erkenntnis' ermöglichte dem reuigen Sünder den Weg zur Taufe und das damit in Verbindung stehende Vergeben der Sünden. So erfüllte sich auch das Wort des HERRN: „Ich will dir die Schlüssel des Himmelreiches geben, und alles was du auf Erden bindest, das wird im Himmel gebunden sein, und was du auf Erden lösest, das wird im Himmel gelöst sein." (Matth. 16:19)

Nach Gründung der Christenversammlung, was durch das Ausgießen des Heiligen Geistes bezeugt ist, benutzten auch andere Nachfolger Christi die 'Schlüssel der Erkenntnis'. So lautet der Auftrag des HERRN: „Wahrlich, ich sage 'euch': Alles, was 'ihr' auf Erden bindet, das wird im Himmel gebunden sein, und alles, was 'ihr' auf Erden löset, das wird im Himmel gelöst sein."

(Eine dem Petrus übertragene Gewalten wird auf die Amtsträger [an die sich diese ganze Rede zunächst wendet] der Kirche ausgeweitet. - Fußnote zu Matth. 18:18, Jerusalemer Bibel.)

Zu einem späteren Zeitpunkt verurteilt Jesus die Pharisäer und Schriftgelehrten durch die scharfen Worte: „Wehe euch Gesetzeslehrern! Ihr habt den 'Schlüssel der Erkenntnis' weggenommen; Ihr selbst seid nicht hineingegangen, und die, welche hinein wollten, habt ihr abgehalten." (Luk. 11:52)

Aus dem Zusammenhang lässt sich unschwer erkennen, dass die Schlüssel der Erkenntnis nicht nur von Petrus anzuwenden sind. Die Verantwortung tragen alle Diener Christi, die über diese Erkenntnis verfügen.

Der Text aus Matth. 16:18, 19 wird von der Kirche benutzt, um den Anspruch auf das Amt Petri zu rechtfertigen. Wie aus den angeführten Argumenten jedoch hervorgeht, ist nicht Petrus der Fels. Der Fels ist der HERR, Jesus Christus, auf dem die Kirche aufgebaut ist. So sahen es auch die Kirchenväter aus dem 2. bis 4. Jh. Auch der Schrifttext macht es deutlich: „Sie tranken aus einem geistigen Felsen, der sie begleitete, der Felsen aber war Christus!"

Die Apostel, an Rang und Stellung gleich, bilden als Ganzes die Grundlage des heiligen Tempels, wobei Jesus Christus selbst der Grundeckstein ist. Auch Petrus bezeichnet Jesus als den Felsen, „den die Bauleute verworfen haben, einen Fels des Ärgernisses." (1.Kor. 10:4; Eph. 2:20, 211; Petrus 2:7, 8)

Zum Attribut Unfehlbarkeit

Gemäß der *Encyclopaedia Catholika* ist die Lehre von der Unfehlbarkeit eng mit der Lehre vom Primat oder von der obersten Gewalt des Papstes verbunden.

Dazu bemerkt Giuseppe Alberigo, Lehrbeauftragter für Kirchengeschichte: „Bekanntlich erscheint im Neuen Testament das Wort für Papst oder dessen Kollektivbildung Papsttum nicht. Die einzige beherrschende Person ist Jesus von Nazareth; unter den Jüngern, und vor allem unter den Aposteln ist es sehr problematisch, auf der Grundlage von Bibeltexten eine Person auszumachen, die alle anderen überragt. Petrus, Johannes, Jakobus und Paulus sind als Personen gleichermaßen charakteristisch und bedeutend, voneinander verschieden und ergänzend."

Auch Paulus weist auf diejenigen hin, die „Säulen" in der Versammlung zu sein schienen, und nahm auf Jakobus, Petrus und Johannes Bezug. (Gal. 2:2,9) Als er von den verschiedenen Aufgaben der Apostel sprach, erwähnte er nicht, dass Petrus den Primat hätte, sondern den Dienst der Apostel als Ganzes (1. Kor. 12:8). Dazu sei das Konzil in Jerusalem (49 u. Z.) als Beispiel angeführt.

Die Apostel und älteren Männer hatten hier auf biblischer Grundlage unter anderem zu entscheiden, „ob es nötig sei, die Heiden, die sich zum Christentum bekehrt hatten, nach jüdischem Brauch an der Vorhaut zu beschneiden." Dem Bericht ist zu entnehmen, dass hier nicht Petrus, sondern 'Jakobus' den Vorsitz führte. Dieser schloss das Konzil mit den Worten: „Meine Entscheidung ist deshalb, dass man die von den Nationen, die zu Gott umkehren, nicht beunruhige."

Wie später aus dem Vers 28 hervorgeht: „Der Heilige Geist und 'wir' selbst haben es für gut befunden," - war diese Entscheidung nicht von einem einzelnen Apostel abhängig, sondern vom Heiligen Geist und einer gebetsvollen Übereinkunft der Apostel und älteren Männer in ihrer Gesamtheit. (Apg. 15:19,28)

Gemeinsame Entscheidungen betrafen auch, auf welche Art und Weise materielle Bedürfnisse der Armen gestillt werden. (Apg. 6:1-6) Die Körperschaft der Zwölf entschied auch, wer zu den Samaritern gehen soll, nachdem diese die gute Botschaft angenommen hatten. Petrus und Johannes wurden ausgewählt, das Sakrament der Taufe diesen zu spenden. Bei dem Anlass, so scheint es, war Petrus alles andere als jemand, der eigene Entscheidungen treffen konnte. Er war lediglich einer von denjenen, die von der Gruppe der Apostel dazu bestimmt worden war. (Apg. 8:14)

Petrus hatte keine Vorrangstellung, weder zurzeit des HERRN noch nachher. Der Anspruch auf dieses Amt ist unberechtigt, wie das die biblischen Beispiele beweisen.

Eine triumphierende Kirche
Die Kirche wird reich an Macht und Ansehen

Der Überlieferung nach erhielt Papst Silvester I. von Kaiser Konstantin die berühmte Konstantinische Schenkung, die dem Papst die Stadt Rom und die Westhälfte des röm. Reiches zusicherte (arme Kirche.) Die Schenkung, eine zwischen 750 und 760 gefälschte Urkunde, diente im Mittelalter zur Begründung der päpstlichen Ansprüche auf Unabhängige Landesherrschaft. [77]

Um die Schenkungsurkunde in einem glaubhaften Licht erscheinen zu lassen, wollte Silvester Konstantin vom Aussatz geheilt und diesen an seinem Todestag getauft haben. In Wahrheit war Konstantin nie an Aussatz erkrankt, noch wurde er von Silvester getauft. Das Sakrament der Taufe erhielt Konstantin in der Stunde seines Todes durch den Bischof von Nicomedia (der eigentlichen Hauptstadt Konstantins), während an Konstantinopel noch gebaut wurde. Konstantin hielt sich nie länger in Rom auf.

Paul Fischauer beschreibt die letzten Stunden dieses Mannes: „Die Kämmerer und die Sklaven trugen das Bett Constantins durch die marmornen Korridore in die Taufkapelle, die er schon Jahre vorher hatte erbauen lassen. Zwei Priester halfen dem Sterbenden, sich zu erheben. Behutsam führten sie ihn über die drei Stufen hinab zum Taufbecken. Der Bischof von Nicomedia begann laut zu sprechen: „Ich glaube an Gott." (...) Während er sprach, wiederholte Konstantin mit vergehender Stimme: „Ich glaube ... ich glaube ... ich glaube." Sein Blick fiel auf Valens.

Sein Herz stand still.

So geschehen am 22.6.337.[78]

Die konstantinische Schenkungsurkunde
(eine Fälschung) wird erfolgreich eingesetzt

Im Jahr 754 u. Z. ist Stephan II. (III.) in einer wichtigen Mission unterwegs. Das Ziel seiner Reise ist Quierzy, wo er mit dem Frankenkönig Pippin d. Jüngeren zusammentreffen wird. In seinem Reisegepäck befindet sich ein bedeutsames Dokument. Stephan erwartet sich mit Hilfe dieses Papiers Unterstützung von Pippin gegen die Langobarden, die für Rom eine Bedrohung geworden waren.

Bei dem Treffen zeigte Stephan seinem Gastgeber das Dokument. Es war staubig und zerknittert, was auf ein hohes Alter hinweisen sollte. Angeblich war es Jahrhunderte lang im päpstlichen Archiv aufbewahrt worden. Es trug das Datum 30. März 315. Es war die Schenkungsurkunde vom ersten christlichen Kaiser Konstantin an den Papst Silvester. Was Pippin nicht wissen konnte: Dieses Papier war eine Fälschung.

Die Schenkung wurde wahrscheinlich von einem Priester im Lateran geschrieben, kurz bevor Pippin Stephan besuchte. Das Papier hätte zu dieser Zeit über 400 Jahre sein sollen. Die Fälschung jedoch durchschaute, dem damaligen Bildungsstand entsprechend, niemand. Erst 1440 wurde sie von dem italienischen Humanisten Lorenzo Valla als Fälschung erkannt. [79] (Der Beweis der Fälschung wurde von der Kirche aber erst im 19. Jh. akzeptiert.)

Der Wortlaut des Dokuments: „Da unsere kaiserliche Macht irdisch ist, haben wir bestimmt, dass sie eine heilige römische Kirche ehren und achten soll und dass der Heilige Stuhl des gebenedeiten Petrus glorreich über unser Reich und unseren irdischen Thron erhöht werden soll. (...) Er soll über die vier Hauptsitze Antiochia, Alexandria, Konstantinopel und Jerusalem herrschen wie über alle Kirchen Gottes in der Welt. (...) Schließlich, siehe, ich übertrage Silvester, dem 'Kaiser der Welt', sowohl unseren Palast als auch die Provinzen und Paläste und Bezirke der Stadt Rom, Italien und alle Regionen des Westens."

Papst Stephan erzählte dann die bewegte Geschichte von Konstantin, der am ganzen Körper von Lepra befallen worden ist. Heidnische Priester bauten einen Brunnen auf dem Kapitol und versuchten ihn zu überreden, diesen mit dem Blut kleiner Kinder zu füllen. In dem noch warmen Blut sollte Konstantin baden und geheilt werden. (...) In der Nacht zuvor hatte Konstantin einen Traum, Petrus und Paulus sagten ihm, er solle sich mit Papst Silvester in Verbindung setzen. (...) Der Papst würde ihm den wahren „Brunnen der Frömmigkeit" zeigen. Wenn er wieder gesund werde, solle er auf der ganzen Welt christliche Kirchen aufbauen, die Götzenanbetung aufgeben und dem wahren Gott huldigen. (...) Konstantin tat wie ihm geheißen. „Als ich am Grund des Brunnens war", sagte er, „ sah ich eine Hand des Himmels mich berühren." Er kam geheilt von dieser Taufe zurück. Silvester predigte ihm die Dreifaltigkeit und wiederholte Jesus Worte an

Petrus: Du bist Petrus (...) und ich will dir die Schlüssel des Königreiches geben."

König Pippin war beeindruckt. Das himmlische Zeichen, das Konstantin im Brunnen der Frömmigkeit zuteil wurde, das Petrus glorreich über Reich und irdischen Thron erhöht und Silvester als Petri Nachfolger und Kaiser der Welt tituliert, alles das musste dem einfachen Christmenschen beugen vor soviel göttlicher Beweislast."[80]

(Der petrinische Gedanke „du bist Petrus" kam erst 382 wie schon erwähnt, mit Damasus auf und nicht schon mit Silvester 314-335)

Pippin handelte unverzüglich. In der Pippinischen Schenkung von 754 zu Quierzy wurde festgehalten: „Der heilige Petrus (das heißt Papst Stephan) sollte die von den Langobarden eroberte Gebiete zurückerhalten."

Nach Pippins Sieg über den Langobardenkönig Aisltulf (755/56) erhielt der Papst unter anderem das Exarchat (Amt u. Verwaltungsgebiet) von Ravena, das zusammen mit dem Duka (ital. Herzogtitel) von Rom den Kirchenstaat bildete. Zudem war auch für immer geklärt, dass der Papst, Nachfolger des heiligen Petrus ist.

Die Kirche hatte einen nicht vergleichbaren Sieg über Könige und Kaiser errungen und diese mit noch größerem Erfolg Jahrhunderte lang beeinflusst, wenn nicht gelenkt.

Dr. Martin Luther äußert sich dazu: „Zum ersten ist's gräulich und schrecklich anzusehen, dass der Oberste der Christenheit, der sich als Christi Stellvertreter und St. Peter Nachfolger rühmt, so mächtig und prächtig daher fährt, dass ihm darin kein Kaiser nachkommen und gleich werden kann (...) er trägt die dreifache Krone, während die Könige nur eine Krone tragen."[81]

Ein anderes Mal schreibt Luther: „Die Widersacher behaupten, das Papsttum habe Kraft göttlicher Ordnung Gewalt über die ganze Christenheit auf Erden. (...) Darum seien alle anderen Christen Ketzer und Abtrünnige, obgleich sie dieselbe Taufe, Abendmahl, Evangelium und alle Artikel des Glaubens mit uns einträchtig halten, ausgenommen, dass sie ihre Priester und Bischöfe nicht von Rom bestätigen lassen (...) wie z. B. auch die Kirchen des Ostens, die den Papst als Oberhaupt nicht anerkennen. Jesus ist das alleinige Haupt und der Herr der Kirche. Aus dem folgt, dass die „ersten Christen", die allein die wahre Kirche sind, kein Haupt auf Erden haben kann und mag und von niemand auf Erden, durch keinen Bischof noch Papst regiert werden kann; sondern allein Christus im Himmel ist hier das Haupt und regiert allein."[82]

„Des weiteren nennt niemand

auf der Erde euren Vater,

denn einer ist euer Vater,

der himmlische. Auch lasst

euch nicht Führer nennen,

denn einer ist euer Führer,

der Christus. "

(Matth. 8:9,10)

Die Lüge von der Dreieinigkeit – der Unsterblichkeit
der Seele und von der Höllenlehre

Der römische Katholizismus lehrt von Anbeginn seiner Konstitu-
ierung im 4. Jahrhundert, eine destruktive, dem Christentum
fremde Theologie nach dem Lehrsatz: „Dem niederen Volk seine
Tradition – dem gebildeten Stand seine Philosophie."

> *„Seht zu, dass nicht jemand da sei,*
> *der euch als Beute wegführe durch*
> *die Philosophie und leeren trug*
> *der Überlieferung der Menschen*
> *(...) und nicht gemäß Christus. "*
>
> (Kolosser 2:8)

Nach Ansicht der Kirchenlehrer war die Lehre Christi für geho-
bene Kreise zu anspruchslos. Zum Großteil nur vom niederen
Volk angenommen, setzte sich die Lehre im Hochadel der Aristokratie und den gebildeten Kreisen nur schwer durch. Um dem
gebildeten Stand einen geschmackvollen Zugang zu schaffen,
wurde das Niveau der Lehre Christi durch philosophische Ausle-

gungen auf höheren Sockel gestellt. Ein Produkt davon ist die Dreieinigkeitslehre. Dieses im 4. Jh. geschaffene Symbolum, wird in der Bibel kein einziges Mal erwähnt.

In der *New Encyclopaedia Britannica* ist dazu nachzulesen: „Weder das Wort Trinität noch die Lehre als solche erscheint im Neuen Testament, noch beabsichtigten Jesus und seine Nachfolger, dem Schema Israel im Alten Testament zu widersprechen: „Höre, o Israel: Der Herr, unser Gott, ist (ein) Herr." (5. Mose 6:4)

Die Lehre entwickelte sich allmählich während mehrerer Jahrhunderte und löste viele Kontroversen aus. (...) Gegen Ende des 4. Jahrhunderts nahm die Lehre von der Dreieinigkeit im wesentlichen die Form an, die sie bis heute bewahrt hat." (Micropaedia, 1976, Bd. X, S. 126)

In der *Encyclopedia Americana* heißt es außerdem: „Das Christentum geht auf die jüdische Religion zurück, und die jüdische Religion war streng unitarisch (vertrat den Glauben, dass Gott e i n e Person ist.) Die Straße, die von Jerusalem nach Nizäa führte, kann man wohl kaum als gerade bezeichnen. Die Dreieinigkeitslehre des 4. Jahrhunderts war keineswegs ein Spiegelbild der frühchristlichen Lehre von der Natur Gottes; sie war eher eine Abweichung davon." (1956, Bd. XXVII, S. 294L)

Diese Lehre ist also keine Offenbarung des Himmels, wie es die Führer der Christenheit heute gerne darstellen. „Gottes Wort ist Wahrheit." (Joh.17:17) Und Wahrheit ist nicht Geheimnis und Offenbarung, ist nicht Verborgenes und Botschaft zugleich.

Ein Meister der Rhetorik, des geschriebenen sowie des gesprochenen Wortes war Augustinus (395-430, Bischof von Hippo). Bei seinen Zeitgenossen galt er als der 'andere Paulus' und heute noch, als der 'größte aller Kirchenväter', eine weltgeschichtliche Persönlichkeit in ähnlichem Sinne wie Plato und Aristoteles, ein Mann, der Jahrtausende die Wege gewiesen hat."[83]

Kein anderer wie er verstand es, einfache Lehrsätze zu zerlegen, zu umschreiben, um darin einen tieferen Sinn zu finden, was aber zuletzt zu einer anderen Auslegung der ursprünglichen biblischen Darstellung führen musste.

Dazu ein Auszug betreffend der Dreieinigkeitslehre, aus einer Veröffentlichung des Augustinus: „Der Sohn Gottes ist Gott dem Vater durch seine Natur gleich, aber durch sein Äußeres ist Er geringer als der Vater. Und zwar in der Knechtgestalt, die Er annahm – in der ist Er geringer als der Vater. In der Gottesgestalt aber, welche die Seine war, schon immer, ehe er die Knechtgestalt angenommen hatte, ist er dem Vater gleich. In der Gottesgestalt ist Er ja das Wort, durch das alles geworden ist. Nur in der Knechtgestalt ist Er aus dem Weibe geworden, dem Gesetz unterworfen, damit Er die, welche unter dem Gesetz stehen, erlösen könne. In der Gottesgestalt schuf Er den Menschen, in der Knechtgestalt wurde Er Mensch."[84]

Augustinus gibt zu, dass ein Verständnis über die 'Natur' Gottes schwer, wenn überhaupt, zu erlangen ist. Dazu erklärt er:

„Wenn die Menschen Gott suchen und wenn sie ihren Geist anspannen, um ein Verständnis der Dreieinigkeit zu gewinnen, das der Fassungskraft unserer menschlichen Schwäche entspräche – dann werden sie mühevolle Schwierigkeiten erfahren, einerlei, ob diese in der Sehkraft des Geistes liegen, der in unzugängliches Licht zu schauen versucht, oder in den vielfältigen Aussagen der Heiligen Schriften."[85]

Eine derart komplizierte und spitzfindige Interpretation muss den ursprünglichen Sinn zwangsläufig verwässern. Wie auffallend groß ist dagegen der Unterschied zu der einfachen und verständlichen Aussage der Bibel!

Die Apologeten

Von der Mitte des zweiten Jahrhunderts unserer Zeitrechnung (fünfzig Jahre nach dem Tod des letzten Apostel Johannes) traten Kirchenmänner auf, die Apologeten genannt werden.

(Apologetik: „Wissenschaftliche Rechtfertigung von christlichen Lehrsätzen", nach Duden Bd.5.)

Zu den griechisch schreibenden Apologeten gehörten Justin der Märtyrer, Tatian, Athenagoras, Theophilos und Klemens von Alexandria. In ihren Schriften verteidigten sie das ihnen bekannte Christentum gegenüber feindlichen Philosophien, die in der damaligen römischen Welt vorherrschten.

Dr. H. R. Boer schreibt in seinem Buch *A Short History of the Early Church* über die Lehre der Apologeten: „Justin lehrte, dass Gott vor der Erschaffung der Welt allein war und dass kein Sohn da war. Als Gott die Welt erschaffen wollte, zeugte er ein anderes göttliches Wesen, das für ihn die Welt erschaffen sollte. Dieses göttliche Wesen wurde Sohn genannt, weil es geboren worden war; es wurde Logos* (s. S. 103) genannt, weil es von der Vernunft oder dem Verstand Gottes genommen worden war."

Logos: „Im Anfang war das Wort (Logos) und das Wort war bei Gott. - Mich hat Jahwe erschaffen als Erstling seines Waltens, / als frühestes seiner Werke von urher". (Joh.1:1; Spr. 8:22, Fußnote zur Jerusalemer Bibel.)

In dem Buch *The Formation of Christian Dogma* schreibt Dr. Martin Werner über das früheste Verständnis zwischen dem Sohn und Gott: „Unter diesem Verhältnis verstand man ein solches der ‚Subordination' (Unterordnung), d. h. im Sinne der Subordination Christi im Verhältnis zu Gott. Wo auch immer im Neuen Testament das Verhältnis zwischen Jesus und Gott, dem Vater, in Betracht gezogen wird, wird es eindeutig als Subordination aufgefasst und dargestellt. Und der entschiedenste Subordinatianer des Neuen Testaments war gemäß den Synoptikern Jesus selbst. (...) Dieser ursprüngliche Standpunk konnte sich, so offenkundig und unverrückbar er war, lange halten. Alle großen Theologen (vor dem Konzil 325 in Nicäa) vertraten die Subordination des Logos im Verhältnis zu Gott."

Der Heilige Geist - die dritte Person?

Die Dreieinigkeitslehre als Glaubensdogma anzuerkennen war von Anfang an eine umstrittene Entscheidung, die die Kirchen-

fürsten noch Jahrzehnte lang beschäftigen sollte. In mehreren
Synoden wurden diverse Formeln von der *Wesens-Ähnlichkeit* der
drei Personen in 'einer Natur' Gottes, aber nicht von der *Wesens-*
Gleichheit, ja sogar der *Wesens-Unähnlichkeit* abwechselnd angenommen, verworfen und wieder angenommen.[86]

Nach 40 Jahren Auseinandersetzung wurde (365) endgültig
zugunsten der Trinität entschieden und die antitrinitarische Lehre
verworfen. Aber die Formel für die Trinität wurde so vorsichtig
ausgedrückt, „dass alle Gutwilligen – die im Grunde dasselbe
gemeint hatten, nur mit anderen Worten - ihre Zustimmung nicht
versagten."

In der *Catholic Encyclopedia* wird die Lehre heute wie
folgt definiert: „In der Einheit der Gottheit sind drei Personen,
der Vater, der Sohn und der Heilige Geist, drei deutlich voneinander unterscheidbare Personen. Daher heißt es im Athanasiani-
schen Glaubensbekenntnis: ,Der Vater ist Gott, der Sohn ist Gott,
und der Heilige Geist ist Gott, und doch sind sie nicht drei Götter,
sondern e i n Gott. ... Die Personen sind alle gleich ewig und
gleich groß; alle sind unerschaffen und allmächtig."

In der *Baptist Encyclopædia* lautet der Grundsatz ähnlich:
„Jesus ist der ewige Jehova ... der Heilige Geist ist Jehova ... der

Sohn und der Geist sind dem Vater völlig gleichgestellt. Wenn er Jehova ist, dann sind sie es ebenfalls."

Die Dreieinigkeitsverfechter stützen sich bei ihrer Auslegung unter anderem auf den auffälligen Schrifttext im Neuem Testament: „Geht daher hin und tauft sie im Namen des Vaters und des Sohnes und des Heiligen Geistes." (Matthäus 28,19)

Dazu erklärt Hieronymus in seinem Werk *De viris inlutribus*, Kapitel III: „Matthäus, der auch Levi ist, verfasste zuerst ein Evangelium von Christus in Judäa in der hebräischen Sprache und in hebräischen Schriftzeichen zum Nutzen der aus der Beschneidung (Israeliten), die geglaubt hatten."

Was verstanden die Juden demnach unter dem Ausdruck: *Im Namen*?

Ein Studium nichtreligiöser Papyrusdokumente, die zu Beginn unseres Jahrhunderts im Wüstensand Ägyptens entdeckt wurden, ermöglichen ein genaues Verständnis darüber wie die gleichen Wörter in der Heiligen Schrift gebraucht werden. Gelehrte haben herausgefunden, dass der Ausdruck: *im Namen* oder *hinein in den Namen*, in nichtreligiösen Schriftstücken mit Bezug auf Zahlungen oder auf das Konto einer Person gebraucht wurde.

Dr. G. Adolf Deißmann, Professor für Theologie, vertrat in Anbetracht des Beweismaterials aus den Papyri folgenden Standpunkt: „So liegt auch z. B. den Ausdrücken: *taufen in den Namen des Herrn hinein* und *glauben in den Namen des Sohnes Gottes hinein* die Vorstellung zu Grunde, dass die Taufe oder der Glaube die 'Zugehörigkeit' zu Gott oder dem Sohne Gottes begründet."

Das *Theologische Wörterbuch zum Neuen Testament* erklärt, dass die Juden der Tage Jesu interessanterweise einen ähnlichen Ausdruck gebrauchten, wenn ein Heide zum jüdischen Glauben konvertierte. So heißt es hier: „Weiter wird die Beschneidung eines Proselyten vollzogen *auf den Namen des Proselyten*, um ihn ins Judentum aufzunehmen. Eine solche Beschneidung geschieht *auf den Namen des Bundes*, um ihn in den Bund (Gesetzesbund) aufzunehmen." Dadurch wurde ein 'Verhältnis' hergestellt, und der Nichtjude wurde ein Proselyt unter der Autorität des Bundes.

Auch der bekehrte Jude, der zum christlichen Glauben übertrat, anerkannte die jeweilige Autorität in seiner neuen Lebensweise. Und es ist zu beachten, wie das auf jeden der drei genannten Autoritäten zutrifft.

Die Taufe *im Namen des Vaters* bedeutet, dass der Getaufte die Autorität des Vaters anerkennt; er wird Gottes Eigentum. Die

Taufe *im Namen des Sohnes* beinhaltet, dass der getaufte diese Tatsache anerkennt und Jesus als 'den Weg und die Wahrheit und das Leben' annimmt. Die Taufe *im Namen des Heiligen Geistes* zeigt, dass der Getaufte die Rolle anerkennt, die der Geist bei der Handlungsweise Gottes spielt. Er möchte seiner Leitung folgen, ihn nicht außer Acht lassen oder gegen ihn handeln und sein Wirken nicht blockieren.

Die Bezugnahme auf den Geist stellt für die Verwendung oder Bedeutung des Ausdrucks im Namen des Hl. Geistes genauso wenig eine Schwierigkeit dar, wie es bei der Verwendung des Ausdrucks auf den Namen des Proselyten oder auf den Namen des Bundes im Judaismus der Fall war.[87]

Diese Redewendung hat sich bei den meisten Völkern bis heute erhalten. Demnach stützt sich ein Gerichtsurteil unter anderem auf ein vorgegebenes Gesetz oder den betreffenden Staat und wird: „*Im Namen des Gesetzes* oder *des Staates vollstreckt.*"
Die Formulierung: „*Im Namen des Geistes*" besagt daher keineswegs, dass es sich bei dem von Jesus verheißenen Paraklet (Heiliger Geist) um eine Person handelt. Dieser Paraklet ist die 'wirksame Kraft' Gottes, die vom Vater *über* den Sohn ausgeht, und zum gleichen Teil Besitz einer Person sein kann. Der Apostel Paulus formuliert das durch eine seiner Grußbotschaften wie

folgt: „Die unverdiente Güte des Herrn Jesus Christus [sei] mit dem Geist, den [ihr] bekundet." Oder wie es in einer anderen Übersetzung heißt: „Die Gnade des Herrn Jesus Christus sei mit [eurem] Geiste." (Phil. 4:23)

Die Kirchenführer des 4. Jahrhunderts machten aus dem Gott der Juden, einen dreieinigen Gott der Christen! Diese Verwandlung stößt auf Unverständnis, und es darf bezweifelt werden, ob die Christenführer mehr Wissen und Erkenntnis über den Gott der Juden hatten, als diese selbst!

Die Unsterblichkeit der Seele

Ob die Seele als Teil eines Menschen nach dem Tod weiter lebt, ist wissenschaftlich nicht erwiesen. Auch die Erlebnisberichte von Menschen, die angeblich gestorben sind und von Ärzten wiederbelebt wurden, können die These nicht stützen. Doch der Gedanke an ein Weiterleben im Jenseits mag ein Scheiden von dieser Welt erleichtern. Indessen lenkt diese Anschauung aber davon ab, was das Wort Gottes dazu sagt. Deshalb sollte dem Ursprung dieser falschen Lehre nachgegangen werden. Der folgende Beitrag befasst sich deshalb mit dem Standpunkt, den die alten Kirchenväter zu diesem Thema eingenommen haben und was die Philologen (Sprachwissenschaftler) heute dazu zu sagen haben.

Die in den Ursprachen für Seele gebrauchten Wörter (hebr. néphesch; gr.: Psyche) bezeichnen in der Bibel eine Person, ein Tier oder das Leben, dessen sich Mensch oder Tier erfreuen. Als die inspirierten Bibelschreiber das entsprechende hebräische oder griechische Wort gebrauchten, hatten sie nicht das im Sinn, was man heute meistens unter „Seele" versteht.

Professor Claus Westermann schrieb 1976 in seinem Werk *Der von Gott geschaffene Mensch ist der lebendige Mensch.* Hier wurde eine, für das Menschenverständnis der Bibel, wichtige Aussage gemacht: Der Mensch 'wird' zur lebendigen Seele. In seinen Körper wird 'nicht' eine lebendige Seele hineingegeben. Der Mensch in seinem Lebendigsein ist ganzheitlich verstanden. Ein Verständnis, nach dem der Mensch aus Leib und Seele bestünde, ist damit ausgeschlossen." (Biblischer Kommentar Altes Testament, Bd. I/1, 1976, S. 283)

Die *Jerusalemer Bibel* gibt den Text in Gen 2:7 wie folgt wieder: „Dann bildete Jahwe Gott den Menschen aus Staub von dem Erdboden und blies in seine Nase einen Lebenshauch. So 'wurde' der Mensch ein lebendes Wesen." (13. Auflage © 1968)

Die *katholische Einheitsübersetzung* gebraucht, anstatt Lebenshauch, einen anderen Ausdruck. „Gott der Herr, blies in seine Nase den Lebensatem. So 'wurde' der Mensch zu einem lebendigen Wesen." (Katholische Bibelanstalt GmbH Stuttgart © 1974)

Die *Luther-Übersetzung,* verwendet anstatt Lebenshauch oder Lebensatem das Wort Odem. „Gott der Herr, blies ihm den Odem des Lebens in seine Nase. Und so 'ward' der Mensch ein lebendiges Wesen." (Luther Standartausgabe, Deutsche Bibelgesellschaft Stuttgart © 1985)

Wer den Bibeltext genau liest, wird nicht übersehen, dass der Mensch, nachdem ihm Gott das Leben (Seele) eingehaucht hat, ein Ganzheitliches 'unteilbares' Lebewesen wurde.

Als die *Jewish Publication Society of America* eine neue Übersetzung der Thora (der ersten fünf Bücher der Bibel) herausgab, sagte der Herausgeber H. M. Orlinsky vom Hebrew Union College: „Dass das Wort 'Seele' in dieser Übersetzung eigentlich vermieden wurde, weil es sich dabei um die Wiedergabe des hebräischen Wortes 'Nefesch' handelt." Er fügte hinzu: „Andere Übersetzer haben es mit 'Seele' wiedergegeben, aber das ist völlig ungenau. Die Bibel sagt nicht, wir hätten eine Seele. Die Seele

(Nefesch) ist die Person selbst, ihr Nahrungsbedürfnis, das Blut in ihren Adern, ihr Wesen." (New York Times, 12. Oktober 1962)

The New American Bible bemerkt zu dem Thema in ihrem Glossary of Biblical Theology Terms: „Im Neuen Testament bedeutet 'seine Seele retten' (Mak. 8:35) nicht, einen 'geistigen' Teil des Menschen zu retten, im Gegensatz zu seinem Körper (im platonischen Sinn), sondern die ganze Person, wobei Nachdruck auf die Tatsache gelegt wird, dass die Person am Leben ist, Verlangen hat, Liebe zeigt und willens ist, etwas zu tun usw., und auch darauf, dass sie etwas Greifbares, Körperliches ist." (Herausgegeben von P. J. Kenedy & Sons, New York 1970)

Um die hier vorliegenden Beweise zu unterstützen, könnte mehr theologisches und sprachwissenschaftliches Material angeführt werden. Es würde aber kaum eine Sinnesänderung bei dem Personenkreis herbeiführen, die 'gerne' an die Unsterblichkeit der Seele glauben.

Der Ursprung der falschen Lehre

Der Ursprung der Lehre geht auf die platonische Philosophie des Altertums zurück. So heißt es in einem Kommentar Platons: „Wenn die Seele sich lauter und rein vom Körper trennt, ohne etwas von ihm mit sich zu ziehen, (...) geht sie doch zu dem, ihr ähnlichen Unsichtbaren, dem Göttlichen, Unsterblichen und Vernünftigen. Wenn sie aber dorthin gelangt, wird ihr Glückseligkeit zuteil, und sie ist von Irrtum und Unwissenheit, Furcht und allen anderen menschlichen Übeln befreit, indem sie wirklich mit den Göttern vereint lebt." (Phaidon, F. Schleiermacher, Kap. 29, S. 61, © 1982)

Dagegen wird in der Bibel gesagt: „Die Lebenden wissen, dass sie sterben werden; doch die Toten wissen gar nichts; auch haben sie keinen Lohn mehr; Denn selbst der Name, den sie sich gemacht, gerät in Vergessenheit. Ihr Lieben, ihr Hassen und auch ihr Eifern ist längst dahin. In Ewigkeit haben sie keinen Anteil mehr an dem, was alles unter der Sonne geschieht." (Prediger 9:5,6, Jerusalemer Bibel)

Die griechische Philosophie ist hier in gegensätzlicher Auffassung zur Bibel, und was noch viel schwerer wiegt, sie verliert keinen Gedanken an die Hoffnung an eine Auferstehung der

Toten. Der Unsterblichkeits-Gedanke der griechischen Philosophie macht das christliche Dogma der Auferstehung schwer ver-
ständlich. Paulus schreibt daher an die Korinther: „Wenn es keine
Auferstehung der Toten gibt, so ist auch Christus nicht auferweckt worden. Ist aber Christus nicht auferweckt worden, so ist
auch unsere Predigt nichtig, und nichtig ist euer Glaube." (1 Kor.
13:15)

Paulus ist hier in Übereinstimmung mit den Worten aus
Joh 11:25, wo Jesus sagt: „Ich bin die Auferstehung und das Leben. Wer Glauben an mich ausübt, wird zum Leben kommen,
auch wenn er stirbt."

Sollte sich diese Frohbotschaft tatsächlich erfüllen, dann
aber an verstorbenen Seelen, denn nur solche kommen zu einer
Auferstehung zum ewigen Leben!

Die Auferstehung zu himmlischem
und zu irdischem Leben

Im Jahr 33 u. Z. wurde auf etwa 120 in Jerusalem anwesende Personen heiliger Geist ausgegossen (Apg. 2, 17, 18). Diese sind die ersten, die aufgrund des Opfertodes Jesus, zum geistigen Leben im Himmel auferstehen werden. Sie wurden mit dem Blut Jesus erkauft und zu Priestern und Königen, in seinem (Christi) himmlischen Königreich, bestimmt. Und sie werden als Könige herrschen auf der Erde." Das wird zu einer Zeit geschehen, wo sich die Prophezeiung erfüllt haben wird: „Dein Reich komme, dein Wille geschehe wie im Himmel, so auf Erden." (Offenb.5:9, 10; Matth. 6:10)

Da eine Regierung (auch die himmlische) nur aus einer begrenzten Zahl an Gliedern besteht und nicht die ganze Menschheit einschließt, muss der übrige Teil davon eine Hoffnung auf ewiges Leben woanders haben. Jesus gab sein Leben für viele, und das ist in der Bibel durch die Worte verbürgt: „Denn so sehr hat Gott die Welt geliebt, dass er seinen einzig gezeugten Sohn gab, damit jeder, der Glauben an ihn ausübt, nicht vernichtet werde, sondern ewiges Leben habe." (Joh.3:16)

Glauben ausüben bedarf aber nicht nur einer gewissen Bereitschaft, es bedarf auch der Möglichkeit. Da Jesus als Erlöser frühestens 29 u. Z. auf den Plan trat und 33 sein Leben niederlegte, hatten viele der Verstorbenen keine Möglichkeit, an ihn Glauben zu bekunden. Und dazu zählt eine große Anzahl Jünger, die mit Jesus waren, aber auch die vielen treuen Propheten der alttestamentarischen Zeit, wie Noah, Moses, Hesekiel, Jeremia, Daniel und die v.a. Sie alle zusammengenommen hatten keinen Anteil an der Auferstehung, weil sie vor Jesus Kommen gestorben waren.

Wo aber befanden sich diese in Treue verstorbenen Menschen, wenn nicht im Himmel? Wo mussten diese zuwarten, um in den Nutzen Jesus Erlösungsopfer zu kommen? Die Kirche nennt diesen Ort 'Vorhölle'. Was ist aber mit Vorhölle gemeint? Etwa der Vorhof zur Hölle? Wären die hier wartenden dem Teufel verfallen, wenn sie keine Erlösung durch Jesus erfahren hätten?

Über den fraglichen Ort ist im Deutschen Wörterbuch Duden, Bd. 5, folgende Erklärung zu finden: „Limbus [lat. 'Rand']; Nach traditioneller, heute weitgehend aufgegebener katholischer Lehre, die Vorhölle als Aufenthaltsort der vorchristlichen Gerechten und der ungetauften gestorbenen Kinder."

Die New Encyclopedia Britaannica bemerkt dazu: „Das Problem des Limbus gehört immer noch zu den ungelösten theologischen Fragen. Eine (offizielle) Bestätigung der Kirche für die Existenz des Limbus gibt es nicht."

Wenn die Vorhölle nicht mit Sicherheit als Aufenthaltsort der Verstorbenen bestimmt werden kann, wo befinden sich dann die Toten?

Eine anschauliche Antwort darauf gibt die Heilige Schrift. Hier heißt es: „Wundert euch nicht darüber. Denn es kommt die Stunde, in der alle in den Gräbern seine [Jesus] Stimme hören werden; und herauskommen werden die, die das Gute getan haben, zur Auferstehung zum Leben, und die, die das Böse verübt haben, zur Auferstehung zum Gericht." (Joh. 5,28,29, Jerusalemer Bibel)

Der Aufenthaltsort der Verstorbenen ist das allgemeine Grab und nicht die Vorhölle. Und am Ende der Zeit, dem Jüngsten Gericht Gottes über die Welt, werden dann die Verstorbenen aus den Gräbern auferstehen, zu ewigem Leben hier auf Erden. Einer von ihnen wird Daniel sein, der Prophet Gottes. Dieser erhielt (500 v. Ch.) die Zusicherung: „Viele von denen, die im Staub der Erde schlafen, werden aufwachen, die einen zum ewigen Leben, die anderen zur Schmach, zur ewigen Schande. (...) Du aber (Daniel) geh und ruhe; und du wirst dich erheben zu deinem Lose am Ende der Tage." (Dan. 12,2,13, Jerusalemer Bibel)

Wie beim ersten Menschen Adam, den Gott aus der Erde schuf und ihm dann Leben einhauchte, so wird Gott jeden Verstorbenen auferwecken und ihm entsprechend seinem vorherigen Lebensmuster, ewiges und vollkommenes Leben in einem neuen materiellen Körper einhauchen. Adam wurde nach dem Bilde Gottes erschaffen. Sein Lebensmuster war von Anfang an vollkommen.

Die Höllenlehre

Die Höllenlehre ist nicht biblisch verbürgt. Sie ist nicht nur unlogisch, sondern auch widersinnig. Denn während der Teufel das Gesetz der Sünde exekutiert und die armen Seelen in einem ewig brennenden Feuer martert, macht er sich zum Gehilfen Gottes. Durch eine solche gottentehrende Darstellung wurden Millionen Menschen Jahrtausende lang geplagt. Da kann auch der „Ablass von Sünde" durch den Priester nicht das sein, was dem Sterbenden Trost und Hoffnung sein sollte. Und war der Todgeweihte ein nachlässiger Kirchenbesucher, so wird der Priester für ihn keine Messen lesen und Bittgebete sprechen.

Mit dieser furchtbaren Last geht das sündige Geschöpf in das ewige Nichtsein hinüber. Armer Mensch!

Die Bezeichnung Hölle anstatt Grab
ist falsch

Im *Duden,* Bd. 3, 1977 ist über die Herkunft des Wortes Hölle folgendes nachlesen:
„1: m.h.d. Helle, a.h.d. Hell(i)a; in der germ. Mythologie Benennung des Totenreiches, personifiziert im Namen der Todesgöttin Hel; wahrsch. urspr. = die Bergende; vgl. hehlen;
2: veraltete Bezeichnung für einen Raum, in dem man etwas bergen kann. Unter dem Stichwort hehlen erfährt man im gleichen Werk, dass dieses Wort von dem m.h.d. Ausdruck heln und vom a.h.d. helan komme, was bedecken, verbergen und verstecken bedeutet.

In *Trübners Deutschem Wörterbuch,* Bd. 3, 1939 kann man unter Hölle u.a. nachlesen: „Das Wort bezeichnet ursprünglich den unterirdischen Aufenthaltsort der Toten. Bei den Germanen war aber die Hölle keineswegs ein Ort der Qual, sondern das Totenreich."

In der *Lutherbibel* von 1912 ist „Hölle" 45 Mal die Wiedergabe von sche'ol und 5 Mal von háides (beides Grab). In der revidierten Lutherbibel von 1956/64 wird das hebräische Wort nur mehr einmal mit „Hölle" übersetzt, das griechische wieder 5 Mal.

Hinsichtlich der Verwendung des Wortes Hölle als Wiedergabe von hebräisch sche'ol und griechisch háides heißt es in dem Werk *Vine's Expository Dictionary of Old and New Testament Words* (1981, Bd. 2, S. 187): „Hades (...) entspricht ‚Scheol' im Alten Testament. - In der Authorized Version ist das Wort im Alten Testament und im Neuen Testament unglücklicherweise mit 'Hölle' wiedergegeben worden."

In dem englischsprachigen *Lexikon Collier's Encyclopedia* (1986, Bd. 12, S. 28) kann man über das Wort Hölle folgendes lesen: „In erster Linie steht es für das hebräische Wort Scheol im Alten Testament und für das griechische Wort Hades in der Septuaginta und im Neuen Testament. Da Scheol in alttestamentlichen Zeiten einfach den Aufenthaltsort der Toten meinte, ohne zwischen den Guten und den Bösen zu unterscheiden, ist das

Wort Hölle, wie man es heute versteht, keine glückliche Übersetzung."

Wenn der Ausdruck Totenreich mit Hölle gleichzusetzen ist, dann war auch der Sohn Gottes, gemäß Apostelbericht, drei Tage in der Hölle, denn hier ist nachzulesen: „Ihn hat Gott auferweckt, indem er die Wehen des Totenreiches löste; es war ja nicht möglich, dass er von ihm festgehalten wurde. (...) denn du wirst meine Seele nicht im Totenreiche lassen und deinem Heiligen nicht zu sehen geben die Verwesung." (Apg. 2:24, 27, Jerusalemer Bibel)

Das Wort Totenreich könnte hier genauso mit Hölle wiedergegeben werden. Denn das hebräische sche′ol und das griechische háides, das dafür steht, wird in der Lutherbibel oft mit Hölle übersetzt. Jedoch wird in keiner Bibelübersetzung an dieser Stelle (bezogen auf das Grab Jesus) das Wort 'Hölle' verwendet. Diese Bezeichnung wird penibel vermieden, wohl um das Dogma der Höllenlehre nicht in Frage zu stellen.

Die Gehenna ein Sinnbild
vollständiger Vernichtung

Das Wort Gehenna kommt im Neuen Testament zwölfmal vor. Jesus gebrauchte dieses Synonym, um die endgültige Vernichtung zu veranschaulichen, aus der es keine Rückkehr zum Leben gibt. In den Evangelien ist darüber nachzulesen: „Auch wenn dein Auge dich straucheln macht, so reiß es aus und wirf es von dir weg; es ist besser für dich, einäugig ins Leben einzugehen, als mit zwei Augen in die feurige Gehenna geworfen zu werden. ... und wenn deine Hand dich je straucheln macht, so hau sie ab; Es ist besser für dich, verstümmelt in das Leben einzugehen, als mit zwei Händen in die Gehenna zu fahren, in das Feuer, das nicht ausgelöscht werden kann." (Matthäus 18:9; Markus 9:43)

Obwohl es hier keinen Zusammenhang mit der Höllenlehre gibt, haben viele Übersetzer das Wort Gehenna dennoch mit Hölle wiedergegeben. Das ist eine unglückliche Auslegung, denn der Ausdruck Gehenna ist die (gr. - lat.) Form des hebr. Ge Hinnom, „Tal Hinnom". Das Hinnom Tal lag s. und sw. von Jerusalem und entspricht dem heutigen Wadi er-Rababi - Ge Ben Hinnom.

Nach traditioneller Auffassung rabbinischer und anderer Schriften diente das Hinnomtal als Müllgrube der Stadt Jerusalem, wo ein ständiges Feuer mit Schwefel unterhalten wurde, indem der Hausmüll und auch die Leichname von bes. schweren Verbrechern verbrannt wurden.

In J. B. Phillips *New Testament in Modern English* wird das Wort géenna in Matthäus 5:30 mit „Schutthaufen" wiedergegeben. Der jüdische Kommentator David Kimchi (1160[?] bis 1235[?]) gibt bezüglich „Gehinnom" folgende historische Informationen: „In der Umgebung von Jerusalem existiert ein widerlicher Ort, in den man unreine Dinge und Leichname hinab warf. Ebenso war dort ein ständiges Feuer, um die unreinen Dinge und die Knochen (der Leichname) zu verbrennen. Daher wird das Gericht der Bösen sinnbildlich Gehinnom genannt." (Die Übersetzung erfolgte nach dem hebräischen Text aus dem Werk Buch der Psalmen, 5302 a. m., 1542 u. Z.)

Die Gehenna, wie auch die dogmatisierte Höllenlehre, ist kein Ort der ewigen Qual. Mit dem Tod* geht das Leben zu Ende** (s. S. 123) und mit ihm *ist auch die Sünde erloschen*, heißt es in der Bibel: „Denn wer gestorben ist, der ist von (seiner) Sünde frei geworden. Denn der Lohn, den die Sünde zahlt, ist der Tod." (Röm 6:7, 23)

*„*Als letzter Feind wird der Tod zunichte gemacht.*"*
„Tod, wo ist dein Sieg? Tod, wo ist dein Stachel?"
**„*Alles, was deine Hand zu tun findet, das tue, solange du es vermagst. Denn es gibt kein Tun und Planen, nicht Wissen und Weisheit in dem Scheol, wohin du gehst."* (1.Kor.15:26, 55; Pred. 9:10)*

Die Lehre von der ewigen Feuerqual ist durch das Wort Gottes widerlegt. Die Hölle und die Gehenna sind ein Sinnbild endgültiger Vernichtung, ohne Wiederkehr zum Leben.

Der übertragene Gebrauch
im Buch der Offenbarung

Die im Neuen Testament erwähnte Gehenna entspricht dem in der Offenbarung bezeichneten 'Feuersee'. Auch dieser ist ein Sinnbild absoluter Vernichtung und kein Ort der Qual. In Offenb. 20:14 ist darüber nachzulesen: „Und der Tod und der Hades wurden in den Feuersee geschleudert. Dies bedeutet den (zweiten Tod): der Feuersee".

Über den Feuersee heißt es einige Verse vorher: „Und der Teufel, der sie irreführte, wurde in den Feuer- und Schwefelsee geschleudert, wo schon sowohl das wilde Tier* als auch der falsche Prophet [waren]; und sie werden Tag und Nacht gequält werden für immer und ewig." (Offenbarung 20:10)

In der Fußnote der Jerusalemer Bibel wird dazu erklärt: Der Drache verlieh ihm (dem Tier) seine Macht und einen Thron und große Gewalt. Satan, der „Fürst dieser Welt", Jo 1231 +, gibt Reich und Macht, wem er will, vgl. Luk 4:6 +.

Da der Tod und der Hades (Grab) in den Feuersee geschleudert werden, würden auch diese dort Tag und Nacht gequält werden. Die Bibel spricht hier demnach definitiv vom zweiten Tod - und keiner ewigen Qualen. (Offenb. 20:14)

Der zweite Tod ist ein absoluter und unwiderruflicher Zustand aus dem keine Wiederkehr zum Leben möglich ist. Im Gegensatz dazu handelt es sich bei dem in Offenb. 20:13 erwähnten Meer um einen Zustand, aus dem eine Wiederkehr zum Leben möglich ist. Denn hier heißt es: „Und das Meer gab die Toten heraus, die darin waren, und der Tod und der Hades (Grab) gab die Toten heraus, die darin waren."

In einem Bericht der Lehrkommission der Kirche von England wurde erklärt, „die Hölle sei keineswegs ein Feuerofen; es handle sich statt dessen um einen abstrakten Ort des Nichtseins. Für diesen Gesinnungswechsel gibt es viele Gründe, hieß es in dem Bericht. Dazu gehören vor allem moralische Einwände - sowohl aus den eigenen Reihen des christlichen Glaubens als auch von Außenstehenden - gegen eine Religion der Angst sowie das zunehmende Bewusstsein, dass das Bild von einem Gott, der Millionen Menschen der ewigen Qual ausliefert, von dem liebevollen Gott, der sich in Christus offenbart hat, weit entfernt ist."

Die traditionelle Höllenlehre bereitet nicht nur den Anhängern der Kirche von England Unbehagen. Menschen aus den verschiedensten Kirchen fällt es schwer, einen rachsüchtigen Gott anzubeten, der Sünder dem Feuer übergibt. „Die Leute wünschen sich einen herzensguten Gott zum Anfassen", sagte Jackson Carroll, Professor für Religion und Gesellschaft an der Divinity School der Duke University. „Es steht im Widerspruch zur heutigen Kultur von Sünde und Schuld zu sprechen."

Der namenlose Gott der Christenheit

Die Namengebung ist so alt wie der Mensch selbst.

In der Genesis ist dazu nachzulesen: „Gott setzte den ersten Menschen in das Paradies und gab ihm den Namen Adam und Eva. Und Gott beauftragte dann Adam, den Tieren Namen zu geben. Und der Mensch nannte die Namen von allem Vieh und von dem Gevögel des Himmels und von allem Getier des Feldes." (1.Mo. 2:19,20)

Der Name im näheren Sinn ist ureigenster Besitz und Identifikation einer Person. So bedeutet A´dam: „Der von der Adama (Genommene) (1. Mo. 3:19); aus (roter) Erde; vom Erdboden; der Rote Mensch." Und E´va: „Leben; Lebens(spenderin); Mutter aller Lebendigen" (1.Mo. 3:20); und Kain´ (der erstgeborene Mensch): „Erworben, erlangt; Besitz, Gewinn" (vergl. 1.Mo. 4:1: '... einen Mann habe ich durch Jahwe erhalten'); A´bel (Kains Bruder): Hauch, Atem; Nichtigkeit, Vergänglichkeit, Hinfälligkeit.

„Die Bedeutung biblischer Namen kommt da noch stärker zur Geltung, wo Gott Namen ändert, wie in 1.Mo. 17:5. Gott änderte den Namen Abram in Abraham, nachdem er ihm gerade vorher verheißen hat, ihm zum 'Vater einer Menge' Nation werden zu lassen. Abram heißt Vater der Höhe, Abraham Vater der Menge. (...) Tiefe Bedeutungen enthalten auch jene biblischen Namen, die nicht auf solche Weise ausdrücklich von Gott selbst gegeben wurden. (...) Die Bedeutung liegt teils auf geschichtlicher Ebene, indem ein Name in Zeit oder Ort oder nähere Umstände eines Geschehens Einblick gibt. (...) Als ein Beispiel einer symbolisch-prophetischen Anwendung kann der Name Bethlehem genannt werden. Sicherlich verdankt dieser Ort, rein äußerlich betrachtet, seinen Namen Brothausen dem Umstand, dass dort einmal irdisches Brot bereitet und verkauft wurde. Gott aber lässt aus diesem Ort den kommen, der sich selbst 'das Brot Gottes', 'das Brot des Himmels' und 'das Brot des Lebens' nennen darf." (Joh. 6:35) [88]

Namen sind wie Fingerabdrücke (wie schon erwähnt) und mitunter ein Hinweis auf ihre Träger. Daher wurden bei der Namengebung mehrere Merkmale berücksichtigt: der Geburtsort, der Beruf oder eine persönliche Eigenschaft. Daher setzte sich zu Beginn des Altertums auch allmählich der Brauch durch, einen zweiten Namen anzunehmen. (In einer Dorfgemeinschaft, gab es nicht selten gleich mehrere Josef oder Maria.) So erhielt Josef, der Schmied im Dorf, den Beinamen Schmied; aus Franz dem Schuhmacher wurde ein Franz Schuster. Auf den Geburtsort be-

zogen, wurde aus dem Franziskus ein Franziskus von Assisi; Ein
Otto von der Habichtsburg (im Schweizer. Karton Aargau) ein
Otto von Habsburg.

Auf eine persönliche Eigenschaft bezogen, erhielt Pippin
II. (fränkische Hausmeier) den Beinamen der Mittlere; Pippin,
sein Bruder (König der Franken) nannte sich Pippin der Jüngere.

Dann gab es einen Karl der Kühne Sohn Philipps des Guten von Valois. (französisches Herzogs- u. Königsgeschlecht)

Die heutige Praxis des vererblichen Nachnamens stammt (wie
schon erwähnt) aus dem 10. oder 11. Jahrhundert und war in der
venezianischen Aristokratie vorerst üblich. Allmählich setzte sich
der Familienname auch bei den reichen Landbesitzern, dann bei
den Kaufleuten und später auch bei den gewöhnlichen Bürgern
durch. Zu Beginn des 15. und 16. Jahrhunderts wurde der Familienname in Polen und Russland populär. Die skandinavischen
Länder begannen erst Anfang des 19. Jahrhunderts Familienna-
men zu benutzen. In der Türkei wurde der Familienname erst auf
Druck der Regierung 1933 eingeführt.

Da Menschen, Tiere und jedes Ding in der belebten und der anorganischen Natur mit Namen bezeichnet wird, ist anzunehmen, dass auch Gott einen Namen hat.

Gottes Name,
seine Bedeutung und seine Aussprache

Gott stellt sich mit seinem Namen vor.

Als Moses beauftragt wurde, das Volk aus der ägyptischen Gefangenschaft herauszuführen, fragte er Gott, was sollte er dem Volk auf die Frage antworten, wer ihn beauftragte? „Da sprach Gott zu Mose: Ich werde *sein*, der ich *sein* werde. Und sprach: So sollst du zu den Kindern Israel sagen: »Ich werde sein«, der hat mich zu euch gesandt. Und Gott sprach weiter zu Mose: So sollst du zu den Kindern Israel sagen: Der HERR* (s. S. 130), der Gott eurer Väter, der Gott Abrahams, der Gott Isaaks, der Gott Jakobs hat mich zu euch gesandt. Das ist mein Name auf ewig, mit dem man mich anrufen soll von Geschlecht zu Geschlecht." (2.Mose 3:14,15, nach der deutschen Übersetzung Martin Luthers, revidierte Fassung © 1980)

*„*Im Hebräischen lautet der Gottesname Jahwe; daraus wurde durch ein Missverständnis des Mittelalters „Jehova". An unserer Stelle wird der Gottesname Jahwe von dem hebräischen Zeitwort für* **sein** *her gedeutet. Nach altem, schon vorchristlichem Herkommen wird für Jahwe die Bezeichnung 'der Herr' gebraucht."* *(Fußnote zu Vers 14 u. 15 dieser Ausgabe.)*

Warum Israel aufhörte, den Namen Gottes auszusprechen?

Bibelgelehrte sind der Ansicht, dass wahrscheinlich das dritte der Zehn Gebote der Grund dafür war, wo es heißt: „Du sollst den Namen Jahwes, deines Gottes, nicht missbrauchen; denn Jahwe lässt den nicht ungestraft, der seinen Namen missbraucht." (2.Mose 20:7, Jerusalemerbibel © 1978)

Ab welchen Zeitpunkt die Israeliten sich an diese Vorgangsweise hielten, ist unbestimmt. Da aber die Bezeichnung HERR keinen Namen darstellt - an dieser Stelle steht im Schrifttext das Tetragramatom (JHWH) - sollte Gottes Name, der seit dem 7. Jahrhundert ausgesprochen wird, auch heute seine Bedeutung im Sprachgebrauch haben und das umso mehr, weil Gott selbst anmerkt: „Das ist mein Name [JHWH] auf ewig, mit dem man mich anrufen soll von Geschlecht zu Geschlecht." (2.Mo 3:15, Lutherbibel 1957-1984)

Wie es zu der unterschiedlichen Auslegung
des Namen Gottes kam

Der Text in 2.Mose 3:14,15 müsste korrekter Weise wie folgt lauten: „JHWH, der Gott eurer Väter, hat mich zu euch gesandt." Nachdem der hebräische Text des Alten Testaments von alters her nur aus Konsonanten (Mitlaute) bestand, war aus Mangel der fehlenden Vokale (Selbstlaute) im Schriftbild über die Aussprache der so gegebenen hebräischen Worte nichts gesagt. Dies hatte zur Folge, dass die Aussprache bis zum 6. Jh. n. Chr. von Generation zu Generation mündlich überliefert wurde. Erst von diesem Zeitpunkt an wurde dem hebräischen Text, durch die Massoreten* die bisher fehlenden Vokale beigefügt.

Der Gottes-Name lautet dann je nach Wahl der Vokale:

J e H o W a H.... oder .... J a H W e H.

*Massora, Masora [hebr., „Überlieferung"], Sammlung erklärender Anmerkungen zum Alten Testament, seit dem 6. Jh. n. Chr. nach mündl. Überlieferung aufgezeichnet, wobei der Konsonantentext durch ein Punktationssystem vokalisiert wurde; gleichzeitig Setzung der Akzente durch die sog. Mas(s)oreten. [89]

Die uneinheitliche Aussprache von J H W H spiegelt auch die Ausgabe der hebräischen Bibel des alten Testaments die *Biblia*

Hebbraica von R. Kittel wieder. Dort ist laut Vorwort die Vokalisierung etc. möglichst unter Anlehnung an die Leningrader Handschrift "L" *(etwa um das 10.-11. Jh. N. Chr.)* gegeben. Beim mehrfachen Durchblättern fanden sich in der *Biblia Hebraica* für den Namen Gottes folgende Lesearten: vorwiegend – *Jehwah* - recht oft in Verbindung mit – Adonai - = Herr, die Lesart – *Jehowih* – und – *Jehwie* - aber auch öfter, besonders in den Psalmen, die Lesart: - *Jehova* -. Die Lesart –Jahwe – dagegen fand sich beim Durchblättern nicht.

Lehrreich zu diesem Thema sind auch die in dem Buch *Die Überlieferung der Bibel* beigegebenen Tafeln und Hinweise von Oscar Paret. Die Tafel 37 gibt dort eine Seite der ganzen *hebräischen Bibel* wieder: Der hebräische Ben-Ascher Codex von A-leppo, *geschrieben mit Vokalisation Ende des 9. Jh. n. Chr.* von Ahron ben Mosche ben Ascher. Auf dieser Seite finden wir die Lesart: - *Jehwah* – für den Namen Gottes. (...)

Die Tafel 54 zeigt eine Seite aus der ersten gedruckten *hebräischen Bibel,* gedruckt 1488 in Loncino, östl. von Mailand. Auf dieser Seite wird der heilige Name Gottes mit – *Jehovah* – wiedergegeben.

*Die vom jüdischen Verlag Berlin-Jerusalem herausgegebe*ne Heilige Schrift enthält den hebräischen Text nach M.H. Letteris und die Übersetzung ins Deutsche nach N.H. Tur-Sinai. Der *hebräische Text* gibt einheitlich für den heiligen Namen Gottes die Lesart – JEHOVA – wieder, mit der einzigen Ausnahme – Jehovih – in Verbindung mit Adonai = Herr. Letztere Lesart finden sich in der hebräischen Ausgabe v. R. Kittel ebenfalls zusammen mit – Adonai.

Pfarrer Th. Burgstahler und Dr. Georges Kahn, Verfasser von *Die Namen der Bibel*, beziehen sich bei ihrer Darstellung des Namens Jehova (Jahwe, Jahve) auf die Aussage Gottes: Ich werde *sein*, der ich *sein* werde.

Sie gaben den Namen Jehova vermutlich den Vorzug, weil hier *die drei Zeitformen des hebräischen Verbs **sein*** zu finden sind, wie das auch Karl Heil in seiner Schrift *Der heilige Name Gottes* wieder gibt:

„JE = erste Silbe von J̲e̲hi = ER WIRD SEIN!

HOV = erste Silbe von ho̲v̲eh = SEIEND = ER IST.

AH = letzte Teilsilbe haj̲a̲h = ER WAR.

Die drei Zeitformen des hebräischen Verbs *sein* finden sich u.a. in Offb. 1:8: „Ich bin das Alpha und das Omega, spricht der Herr (Kyrios, Jeja = Jehova), der da *IST* und der da *WAR* und der da

KOMMT, der Alleinherrscher." (...) Und die vier lebendigen Wesen hörten Tag und Nacht nicht auf zu rufen: „Heilig, heilig, heilig ist der Herr (Kyrios, Jeja = Jehova), der da *WAR*, der da *IST*
und der da *KOMMT*!" (Offenb. 4:8.)

Im Namen Jahweh dagegen, finden sich nur zwei Zeitformen des hebräischen Verbs sein: er WAR und SEIEND = er IST.
Es fehlt die Zeitform der Zukunft, wie man sie in Offenb. 1:4; 1:8
und 4:8 im Namen Jehova findet."[90]

Die Schriftgelehrten Th. Burgstahler und Dr. Georges
Kahn bevorzugten den Namen Jehovah auch deswegen, weil
diese Bezeichnung seit dem 7. Jahrhundert gebräuchlich ist. In
ihrem Werk *Die Namen der Bibel* kommentieren sie daher: „Jehova (Jahwe, Jahve) = 1. der Seiende; er ist und er wird sein; der
da war und der da ist und der da sein wird (od. kommt.)
2. der Unwandelbare, Ewige, Unveränderliche, Beständige, Bundestreue (Vollender aller Hoffnungen und Verheißungen)
3. Verursacher des Seins; Geber des Lebens; 'der eine, der zum
Dasein bringt, was er will'. 4. 'Er wird sich erweisen'. (z. T. ent-
nommen aus Eb. NESTLE: Die israelitischen Eigennamen nach
ihrer religionsgeschichtlichen Bedeutung. 1876.)

Aus diesem Werk seien zum besseren Verständnis des Je-
hova-Namens noch folgende Ausführungen zu 2. Mose 3:14: 'Ich

werde *sein,* der ich *sein* werde!' wiedergegeben: „Der Sinn unseres Textes ist nicht: Ich werde sein, was immer ich sein [will],
sondern: Das was ich [euch] sein werde – was ich verheißen habe
und was [ihr] erwartet -, als das will ich mich sicherlich erweisen./ Diese Unbestimmtheit ist unvermeidlich; denn keine Worte
können zusammenfassen, was Gott seinem Volk sein wird in ihren immer wechselnden Bedürfnissen. Das Volk fragt nach dem
Namen des Erlösers, der durch Moses redet; sie möchten wissen,
in welcher Eigenschaft er sich ihrem Glauben offenbart. (...) Gott
antwortet Moses, so sollst du zu dem Volk sagen: 'Ich werde
mich [mit euch] als *seiend* erweisen, er hat mich zu euch gesandt!' So bezeichnet der Name 'Ich werde es sein' zugleich
Gottes Bundestreue und den unerschöpflichen Reichtum und die
Allgenügendheit des Vorsehungswirkens dessen, der wunderbare
Dinge tut, die wir nicht erwarten." (Jes. 64:3)[91]

Da es gegenwärtig keine sichere Bezugsquelle für die richtige
Aussprache des Namens Gottes gibt, sollte auf die wohlbekannte
Form des Namens nicht verzichtet werden. Umso mehr, da Gott
in 2. Mose 3:15 selbst sagt: „Dies ist mein Name auf unabsehbare
Zeit, und dies ist mein Gedenkname für Generation um Generati-
on."

Ob nun Gott mit dem Namen Jehova oder Jahwe angerufen wird, ist nicht relevant. Es ist aber falsch, den Namen Gottes durch HERR zu ersetzen. Heißt es doch in Matth. 6:9: „Unser Vater im Himmel, *geheiligt* werde dein *Name,* ...

Gottes Name steht für die Eigenschaften: Liebe, Weisheit Macht und Gerechtigkeit. Das sind Eigenschaften im unermesslichem und vollkommenen Ausmaß. Kein anderes Wesen kann das für sich in Anspruch nehmen.

In dem Werk *Namen der Bibel* heißt es dazu: „Was immer der Mensch bedürfen kann von seinem Gott, er will es sein. Er will sich erweisen in Wundern, die größer sind, als man sie ausdenken oder der Prophet vorhersagen kann. (...) Nach Jukes ist 'Jehova' der Ausdruck nach Gottes Sein und damit die Bezeichnung des Gottes, der als das wahre Sein, alles seiner Natur Entgegengesetzte bekämpft und richtet: Der heilige und gerechte Gott, der Gott, der nach Eigenschaften liebt und daher dem einen gnädig ist, dem anderen nicht."[92]

Epilog

Der Apostel Paulus erklärte den Athenern am Areopag: „Der
Gott, der die Welt und alles in ihr geschaffen hat, der Herr des
Himmels und der Erde, wohnt [nicht] in Tempeln, die von Menschenhand erbaut sind; auch lässt er sich nicht von Menschenhand bedienen, als ob er etwas bedürfe, gibt er doch selber allem
Leben und Odem und alles." (Apostlg. 17:24,25, Jerusalemerbibel)

Die ersten Christen versammelten sich in Häusern und Wohnun-
gen. Hier wurde das Evangelium Christi gepredigt und gelehrt.
Das Wort Kirche kommt von dem lat. Wort Ekklesia, was soviel
wie *Versammlung* bedeutet. Später wurden aus den einfachen
Versammlungsstätten Prunkbauten, Paläste und Kathedralen. Hier
sollte jetzt der Christengott, der Vater des Herrn wohnen. Und
hier sollte das einfache Evangelium verkündet werden, das frei
von Philosophie und heidnischem Brauchtum sein soll. Doch der
orthodoxe Katholizismus ist nun hier der neue Herr. Die Predigt
lautet jetzt: Höllenlehre, Fegefeuer und unsterbliche Seele. Und
aus dem himmlischen Vater des Herrn Jesus Christus wurde ein
Dreieiniger Gott.

Jesus predigte das Evangelium vom Königreich Gottes auf Strassen und Plätze, wo immer er Menschen antraf. Er zog von Dorf zu Dorf, von Stadt zu Stadt und teilte seine Schlafstätte mit einfachen Menschen. Der besitzlose Jesus sagte einmal: „Die Füchse haben Höhlen, und die Vögel des Himmels haben Schlafsitze, der Sohn des Menschen aber hat keine Stätte, wo er sein Haupt niederlegen kann." (Matth. 8:20)

Im orthodoxen Katholizismus hat der besitzlose Jesus seine Stätte gefunden. In teuren Brokat, Seide und Samt gehüllt, verrichtet er heute an Stelle von Straßen und Dorfplätzen in prunkvollen Palästen und Kathedralen sein Evangelium. In sein Amt schlüpfte der Mann auf dem Stuhl Petri, welcher heute zum Mythos eines Heiligen Vaters wurde.